RAB WILSON was born in New Cumnock, Ayrshire, in 1ᵒ   ɪnd worked in
the Ayrshire pits until the end of the ' ˈɪɴ, ʀs' Sᴛʀɪᴋe of ᵣ   ſe then left the
mining industry to train as a psʸ ˈ   ːots poet, Rab
writes predominantly in Lallaɪ   ɘd in some of
Scotland's leading poetry magaᴢ   ɑld newspaper's
daily poetry column. He has peᴜ   ˈdiences through-
out Scotland and has appeareᴜ   ɪl, ᴛhe Robert Burns
International Festival, the Bᴜˈ   ⱱas recently Festival
Bard at the Wigtown Book Fᶜ   a prizewinner of the
McCash Poetry Prize and iˢ   ᴛne Scots Language
Society's National Committeeᴜ   ᴜ town of Sanquhar,
Dumfriesshire with his wife Margaɪ ɑᵣ ᴜ ᴅaughᴜ ᴜ Rachel.

Rab Wilson's work has appeared in the following publications:

The Herald
The Independent on Sunday
Chapman
Lallans
Saltire Magazine
Earth Heritage
The Dark Horse

Accent o the Mind

Poems, chiefly in the Scots language

RAB WILSON

Luath Press Limited

EDINBURGH

www.luath.co.uk

First Published 2006
Reprinted 2006

The paper used in this book is recyclable. It is made from
low chlorine pulps produced in a low energy, low emission manner
from renewable forests.

The publisher acknowledges subsidy from

 Scottish **Arts** Council

towards the publication of this volume.

Illustrations by Neal Cranston

Printed and bound by
Digisource (GB) Ltd., Livingston

Typeset in 10.5 point Sabon

Contents

Somewhaur in the Daurk
Sonnets inspired by the Miners' Strike of 1984–85   64

Wigtown Bard Poems   85

Foreword

Poets are in the nature of things individualists but, even so, Rab Wilson is a phenomenon. A former mining engineer in the defunct Ayrshire coal pits, he retrained as a psychiatric nurse and combines health service duties with creative writing.

He is a man of tremendous mental energy and focus. Hence his large-scale projects, such as a reworking of the Ruba'iyat of Omar Khayyam into Scots and an even grander project to do likewise with Horace's Satires. His 'owersettins' into Scots of others' poems are very effective. But more impressive still is his original work, whether in the traditional language of south-west Scotland, in standard English, or in a confident mix of the two (in best Burns tradition).

His set of fifteen interlinked sonnets, Cormilligan, about a late example of the Clearances in the south-west, has rightly been seen as a tour de force, combining, as it does, acute humanity and sense of landscape with technical virtuosity. 'Somewhaur in the Daurk', his series of sonnets inspired by the Miners' Strike of 1984–85, gives the participants and their womenfolk a voice and a dignity that demand sympathy, regardless of political viewpoints.

The poems he wrote as Wigtown Bard range from the historical to the satirical and enlivened Wigtown's literary festival in 2004. Individual poems, whether set in the local supermarket or the former mining towns of his youth, have humour, pathos, sometimes indignation, and always a warm immediacy.

Rab Wilson is a free spirit who speaks and writes in Scots (in everyday letters and e-mails as well as poetry) with complete ease and unselfconsciousness. Our traditional language could hardly have a more eloquent exponent.

Lesley Duncan
March 2006

General Poems: Part One

Biggin

Comin owre the shouder o Lowther Hill
Ah cam across an auld dry stane dyker
Engrossed in the pursuance o his tred.
Nane o yer Goldsworthy flichts o fancy;
Plain, ordinary breid an butter work.
Ah noddit, an sat doun tae hae a drink,
He peyed me nae heed, didnae seem tae mind.
Intent, his practised ee weighed up each stane
Discardin yin, syne liftin anither
Lost in some unconscious arbitration.
Then purposefully placin it, in the
Only place whaur it could possibly go,
Tools tentlessly scattert, a paradox
Agane the pristine order in his wake,
Whilst chaos awaited his adroit hauns.
Liftin up ma bike, ah waved, an moved oan.

Then ah thocht hou sic-an-sae we baith wir;
Strivin tae fin exactly the richt words,
Discardin extraordinarily
Tautological loquaciousness,
Measurin each an ivverie sentence,
Contemplatin ivverie syllable,
Or wid a wee sma wurd fit juist the same?
Lost in some unconscious arbitration.
Then purposefully placin it, in the
Only place whaur it could possibly go.
The creation o order frae chaos.

Dumfounert Wi Wunner

They taen the Kelloholm weans doun the street,
Twa, three wee anes frae the Nursery Schuil,
A jaunt tae the shops, social learnin skills,
Wi mibbes ice cream thrown in fir a treat.
Ower the brig, across the swollen Nith,
'Keep in you pair, mind haud each ither's hauns!'
Wide-eyed the weans tak in the warld's oan-gauns;
Ane spies some men wha're thrang up oan a ruif,
An innocently daels her Joker caird,
Lik a fledglin bird bent oan kennin why,
She luiks up an she speirs 'Miss, whit's gaun oan?'
Distrackitly, her teacher maks repone;
'Ah dout they must be pittin up the "SKY".'
Dumfounert wi wunner, the wean juist stared.

Heroes

Aince '*Tattie*' Crisp hud left the NHS
Up tae its lugs, a billion pound in debt,
Wis he repentant walkin oot the yett?
Nae fear! Whit did he care anent the mess?
A pension, worth three million, his reward.
A knighthood tae, they say, fir Guid Sir Nigel,
Whae's no averse it seems tae bein laid idle –
His future '*index-linked*' – bi closin wards.

But hou hae aa the kettle-bilers fared,
The yins at the 'shit-face', whit did they get?
Juist let me illustrate hou things are shared;
Thon lass, wi nae seeck-time, whit did she net? –
A box o Cadbury's Heroes – an a caird.
Ah lauched when ah heard – else ah micht hae grat.

The Last Sea-Eagle*

fir Chris Rollie

The last Sea-Eagle leeved oot aa its days
Tethert tae a stane, luikin at the sky.
Thae men wha herriet it frae its eyrie
Oan that Cairnsmore crag nevvir thocht that they
Could fail tae tame whit nevvir could be tame.
It proodly stuid defiant in the rain
This regal craitur widnae bow tae thaim
Disdainfully it took their proffert game.
Fir fifty year its speirin yella ee
Wi fierce contempt warn't thaim tae haud awa
Frae its rapacious beak an taloned claw.
An tho lang gane its speerit didna dee,
Abuin the Rhinns o Kells it soars oot owre,
Bidin its time till the eagles retour.

* The last native sea-eagle to be bred naturally in Scotland was taken from its eyrie on Cairnsmore, Galloway during the mid 1800s. It was kept as a 'pet', tethered all its long life to the 'Eagle's Stane' at Cairnsmore House.

Cormilligan

I

Whit magnet draws us tae a foreign shore?
Leaving behin aa them that we hae kent,
As ships cast aff tae the pibroch's lament,
The hauntin strains o 'Lochaber no more'.
Truth though is less a romantic fiction,
No juist the preserve o 'John Highlandman',
The Lallans also evicted their clans;
Faimlies driven in desperation,
Stark choices made fir the faimly's sake.
The auld Herd cannily weighin the odds,
Rackin his mind as his crook stabs the sod,
The stoic auld hermit facin life's ills,
Cormilligan, midst his bower o hills.

II

Cormilligan, midst his bower o hills,
Visionary maister o aa that he saw,
Vistas that aa but tak the braith awa,
As the mornin haar lifts the warld distils,
Clouds lik furrowed saund in the Eastern sky,
The nascent Sun's rays awauken tae seek,
Frae Tinto tae Criffel, a sea o peaks,
Anointin thaim as the air saftly sighs,
Smeek lazily drifts abuin Moniave,
Connerik, Benbuie, Glenjaun rouse frae sleep,
The Stewartry stretchin oot frae his feet,
Whit mair idyllic scene could be contrived?
Dreaming he muses, his forebears stood here,
Gazing proodly oot owre a thoosand year.

III

Gazin proodly oot owre a thoosand year,
Cormilligan's workin day commences,
Nae arable fields hem't in bi fences,
But a greenness unchecked that disappears,
Taeward the hills, whaur the land meets the sky.
The Herd's profession, defined bi seasons;
In Spring the lambin, Simmer the shearin,
Hay tae cut, sheep tae mark, aa this forby,
In Autumn the dippin, an peats tae stack,
Bridges tae repair, an holes tae be fillt,
Potatoes fir Winter, dykes tae be built.
Aa thae tasks bring their burden tae the back,
A treidmill o labour weighs doon the years,
Whaur Muircock an Plover assail yer ears.

IV

Whaur Muircock an Plover assail yer ears,
Winter's snaws depairt, an the green shoots bring,
The curlew's hauntin cry tae greet the Spring,
Frock-coatit dippers dairt in watters clear,
Glenwhargen's falcon loftily surveys,
The orange an yella marsh marigolds,
Wood anemones tenderly unfold,
He stoops, an hertless talons fin their prey,
Rock brake wi curly fronds comes creepin oot,
Fieldfares' flocks descendin each October,
Noisily strips rowans o their cover,
Announcin Summer's ower wi a shout.
Wi sichts and soonds lik these the hert still thrills,
Faur frae the city's daurk satanic mills.

V

Faur frae the city's daurk satanic mills,
The Herd's wife proodly delivert a son,
Life's bitter struggle hud juist begun,
A cauld fireless infancy in the hills,
Schuiled in the shepherd's hoose at Glenmanna,
His cherished beuks, the meagre selection,
Some latin, the Bible, Scott's collection,
Ritual chant o catechism hosannas,
Fate decrees ye quickly mature in years,
First as herdboy, syne shepherd, at Glencairn,
Then back tae Cormilligan wance again,
A life o constant hardship, sweit an tears,
No some idyllic pastoral *étude*,
McCaw wrocht here tae provide fir his brood.

VI

McCaw wrocht here tae provide fir his brood,
His quiver indeed wis fu o arras,
His wife, Bella Todd, proved faur frae fallow,
An their progeny grew in plenitude.
Thae first twenty warslin years o mairriage,
Providit eicht dochters, an five young sons,
Born here in the hoose o Cormilligan.
This wis his plan, tae lay doon a vintage,
That wid wather the comin storms o life,
Wee Alex and Agnes though, died at birth,
Precious Sarah sleeps in her native yirth,
The wound o her daith cut him lik a knife,
An his een fillt wi tears, this wanderer,
The Patriarch o a diaspora.

VII

The Patriarch o a diaspora,
The village schuilmaister discernt some leuk,
Recordin his thochts in his poacket beuk,
Shaw, that parochial philosopher,
Sensed in you some indiscernible strenth,
Anchort firmly in yer faith's foondations,
Self-taucht lad o pairts, whase education,
Combined religion, science, common sense,
Grammar, geography, no withstandin,
The myriad skills requirt bi the Herd.
Deep works o learnin left ye undeterred;
Locke's great 'Essay on the Understanding'.
McCaw, the Odyssean wanderer!
Wan day he'd be the clan's deliverer.

VIII

Wan day he'd be the clan's deliverer,
Leadin them lik some biblical prophet,
Noo fate hud at last flung doon the gauntlet,
He wid prove a dochtie adventurer.
Observin the blossomin cherry trees,
Oan that last poignant walk, doon Shinnel Glen,
It seemed sae ironically fittin then,
That they seemed no trees, but the ghaists o trees.
Lush sweet-scentit vernal grasses flooer,
Drippin frae his hauns in the dappled Sun,
The prodigal cup o the crystal burn,
Whaur he hud spent mony a boyhood oor,
The day, he thocht, wis a fittin prelude.
The Dominie hud seen in him some guid.

18

IX

The Dominie hud seen in him some guid,
The steidfast auld Herd beset bi life's ills,
Valiant Cormilligan midst his hills,
Desperately tryin tae preserve his brood,
Oan Thursday, tenth o June, eichteen-eichty,
Shepherdin his flock, the clan o McCaw,
Boards the 'Sterlingshire' at the Broomielaw,
Unitit in their solidarity,
The ship slips anchor in the Firth o Clyde,
As its fillin sails depairt frae the strand,
Did yer great heart brek fir yer native land?
But bluid is stronger, and the seas growe wide,
Mesmerised, lulled, bi the gentle motion,
Green hills transmute intae daurk grey ocean.

X

Green hills transmute intae daurk grey ocean,
Whilst beneath the decks you seek some solace,
In yer mind escape frae this foreign place,
An reminisce owre past devotions;
The circumstance in which ye met yer wife,
At the bedside o a wumman, dyin,
Whase soul wis in torment, greetin, cryin,
And naething tae nourish religious life,
Hou you endeavourt tae bring some relief,
Tae help her grasp some truth ayont her reach,
Whan suddent-like the daurk o nicht wis breached,
And wi the risin Sun, hope conquered grief,
But whit o thae lost sheep ye failed tae find,
Whit daurker thochts encroached upon yer mind?

XI

Whit daurker thochts encroached upon yer mind,
As the warld ye knew, gane forevvir noo,
Familiar friens, 'The North Star' an 'The Pleuch',
Slawly disappear aneath salt sea brine,
As the ship relentlessly presses oan,
Till they sink for aye in the ocean tined
'The Southern Cross' bricht constellation shines,
Your dour Scots ee though fins its brilliance wan,
Trivial seaboard contests pass the time,
Through frenzied gales, or doldrums that becalm,
You bolster timid spirits wi a psalm,
Auld Patriarch, yer vibrant spirit shines,
Whilst ithers in their daurkness aa seem blin,
Could you foresee the carnage left behin.

XII

Could you foresee the carnage left behin,
The gaitherin, daurk harbingers which bore,
Presaging a new century o war,
Apocalyptic threat tae aa mankind,
Whilst daith an slauchter reignt oan Flanders Fields,
An torn an bluidy ranks chairged oan headlang,
The laverocks rose oan shimmering wings o sang,
Abuin Cormilligan's virginal bield,
The bitter hairst in Tynron's auld Kirkyaird,
Etched peetifully oan the lichened saundstane,
The glorious names o your eicht grandsons,
Whase ageless ghaists will noo forevvir gaird,
A warld awa frae war's stark commotion,
The writin on the waas o devotion.

XIII

The writin on the waas o devotion,
Thae invisible threids linkin Scotland,
Wi Tokomairiro in New Zealand,
Bonds that transcend continents an oceans,
Tae lead through this auld abandoned doorway;
Helen Jackman, Auckland, eldest dochter
O eldest dochter o eldest dochter,
Guy, frae Clarence, Iowa, USA,
There's Murray, Jack an Kate, in Wellington,
Stuart and Boab, wanderers returnin,
Messages that emphasise belangin.
Dochters o dochters, sons o sons o sons,
Whase enigmatic answer underscores,
The meanin o the cairn built at Glenore.

XIV

The meanin o the cairn built at Glenore,
Bi thae willin young hauns guidit bi you,
Ensures yer lineage will continue,
The legacy at Bell's Neuk, Otago,
A tale worthy o some auld Scots ballade,
Days o studious thocht amangst the hills,
Bequestin us the gift that links us still,
Wi thaim in Balmaclellan's auld kirkyaird,
Yer vision still provokes a sense o awe,
A message cast in stane, that speaks o hope.
They yirdit him oan a bricht, sunny slope,
Resolute, fearless, auld William McCaw,
The bluid remains strang, wha could hae duin more,
Whit magnet draws us tae a foreign shore?

XV

Cormilligan, midst his bower o hills,
Gazing proodly oot owre a thoosand year,
Whaur Muircock an Plover assail yer ears,
Faur frae the city's daurk satanic mills,
McCaw wrocht here tae provide fir his brood,
The Patriarch o a diaspora,
Wan day he'd be the clan's deliverer,
The Dominie hud seen in him some guid,
Green hills transmute intae daurk grey ocean,
Whit daurker thochts encroached upon yer mind,
Could you foresee the carnage left behin,
The writin on the waas o devotion,
The meanin o the cairn built at Glenore,
Whit magnet draws us tae a foreign shore?

Big Billy's Wham-Bammer

A short cautionary tale about the dangers of glorious excess

Goat up, phones up,
Whit's up? Shut up!
Split up, hings up,
Purned up, wound up,
Fed up, gied up,
Messed up, blew up,
Tankt up, toked up,
Coked up, boakt up,
Crackt up, pickt up,
Banged up, Loackt up,
Screwed up, fuckt up,
Gemme's up, wake up.

MFI's Secret Files

Drew Moyles bought a duvet cover and matching curtains for his boudoir – they were cerise.

Ron Gabbot attempted to haggle over the price of a towel rail – it had been reduced to £4.99 in our January Sale!

Brent Hodgson returned a bed headboard (allegedly damaged) – there were teeth marks on it!

Rab Wilson wanted to advertise National Poetry Day in our window display – he is obviously a communist subversive trying to undermine the youth of the nation – we shall continue to monitor him.

Dust

My old primary school teachers are long gone,
Fading memories etched on gloomy blackboards,
Aged spinsters who beckoned me forwards,
To proudly erase forgotten lessons,
Or eagerly update their calendars,
Slotting home rectangular months and days,
As window-silled homages sung their praise;
Spring catkin-vased, ochre-leaved Novembers.
Those sums got wrong that led to banishment
Behind the piano. Above my shame
Miss McHallam's reedy soprano sings.
I wonder where her humanity went,
What petrified her heart, and who's to blame;
Chalk is composed of what were living things.

Asylum Seekers

Already one hundred of us are here,
While next week we expect
Seventy more to reach the mainland.
This week we had thirty arrive;
Nine hours in a poorly ventilated van.
Victims of government-sponsored genocide,
Some of my family were murdered,
Branded an unacceptable threat
To future generations,
Officially listed as '*Illegal aliens*' –
Blamed for an outcome we did not create.
But here we have found friends,
People willing to take us in,
And accept us for what we are.

Whilst waders and lapwings
Look warily on,
The Hedgehogs of South Uist
Are happily settling in.

Labour

The bricht rays o the Winter Solstice daws,
Streakin oot owre the Mauchline Basin Plain,
Lichtin oan a slumberin colossus,
The lanely relic o a bygane age.
The horrals o the Barony proudly staun,
Implacable; a great, grey ghaist o steel.
The 'ʌ' Frame, lik some occult wicker-man,
Grim emissary o some auncient god,
Wha, like a god, demandit sweit an tears,
An the bluid o thaim that wir sacrificed
Oan the altar o Mammon an progress.
They're mindit oan a memorial stane,
The men wha dee'd here, an the men wha leeved.
Twa thoosan pair o cannie, eident hauns
The miners an fiters an engineers,
Wha nevvir aince thocht, as they lauched an joked,
That Fate micht hae a sense o humour tae.
The knowledge they hud sae painfully won,
Wid disappear in that terrible year,
Swept awa bi the haun o history.

Nou the bus drives by wi young Jim an Tam,
Past chain-link fences, roostit 'Keep Out' signs,
Oan their wey tae the Technical College.
They ken they're lucky tae hae goat a trade,
It sets thaim apairt frae the ither boys.
The mantle o the village artisan
Is still a badge fir thaim tae wear wi pride;
Council jiners, plumbers or bricklayers,
Electricians, painters an plaisterers.
Aneath the lengthnin sheddas o the past,
Aneath thon giant that bestrides the yird,
They'll stoop an gaither up the worn-oot tools,
An forge thaim wi a newer, keener edge,
O Comradeship an Unity an Strength.

The Pied Piper o Auchinleck

Cathy Jamieson's new crusade,
(The tabloid banner heidline said)
Wid no be aimed at lemonade,
        Nor Alcopops!
Her target wis the Buckfast trade,
        At her Co-op.

The local youths wir wino wrecks,
(A pain in aa her voters necks!)
As suin as they pickt up the cheques,
        Sent frae the Buroo,
Straicht tae the local store they'd trek,
        Syne – roarin fu!

These foul mouthed Buckfast connoisseurs,
Wid prowl the streets till wee sma hours,
Shout names (lik 'bastart', 'prick', an 'whoore'!)
        At daicent folk,
Till Auchinleck grew grim an dour,
        This hud tae stoap!

Wee Cathy didnae lack the spunk,
Tae bell the Benedictine monks,
Wha plied auld Scotia wi thair junk,
        Lang's they wir cushy,
Whit did *they* care gif Neds got drunk,
        An caused a stooshie?

Sae frae oor new Scots Pairlament,
The Justice Meenister hus sent,
A decree statin her intent,
        Tae halt these sales,
Tho sic a thing hud ne'er been kent,
                She wid prevail!

Cathy's plea, hertfelt, impassioned,
Led tae 'Buckie' bein rationed,
Sales o *'Tonic Wine'* went crashin,
        Doon throu the flair,
Neds, their faces grim an ashen,
                Wept in despair!

Ither drinks, which were aplenty,
'Breezers', *'Mad Dog Twenty-Twenty'*,
True adherents viewed asklenty,
        Wi divine gnosis,
Buckfast's hardcore cognoscenti,
                Turnt up their noses!

The short, sharp return o the tawse,
Tae tan the local wino's baws,
Juist made thaim rally tae the cause,
        Their anger honed,
'Anti-Social Behaviour Laws'?!?
                Juist bring thaim oan!

An no juist up in Auchinleck,
Wir pairties queuein tae object,
The business warld hud tae protect,
      Shareholders' views,
An legal minds, trained tae dissect,
        Prepared tae sue!

Forbye, tae add tae Cathy's woe,
Spokesman fir '*J. Chandler & Co.*'
Said the ban wis a clear 'No-No',
      Their mannie stated,
'*Restrictive practice hus tae go!*'
        The ban goat slated!

Cathy thocht this treatment shabby,
Frae the monks o Buckfast Abbey,
Drink ye ken's a global hobby,
      The clamour grew,
Arab Sheikhs in Abu-Dhabi,
        E'en missed their brew!

Unease grew ower Cathy's stance,
An jealous colleagues luikt askance,
The knives wir oot, they saw the chance,
      Tae mak some hay,
The Machiavellian *Fer-de-lance*,
        Will seize the day!

But Jack McConnell stuid his grun!
(Tuik time-oot frae the *'Tims an Huns'*)
His risin star? They'd no mak fun
    O his grand schemes,
Jack airgie-bargied, pled an spun,
        Tae save his dreams.

Meanwhile in daurkest Auchinleck,
Wee Cathy bravely riskt her neck,
Doon tae the 'Co' she taks a trek,
    Tae pit her case,
But bayin crowds o young rednecks,
        Scream in her face.

'Don't Ban oor Buckie!' chant the yobs
(Wha've aa taen time-oot frae their joabs!)
Fowr-lettered filth pours frae their gobs,
    Puir Cath they'd throttle,
Till yin, his reason tint, syne lobs
        A 'Buckie' bottle.

Bi some strange quirk it lands intact,
Cathy, in order tae distract
The Neds, attempts a wee wisecrack,
    Turns tae her foes,
She lifts the bottle, tilts it back,
        Then saftly, blows!

The strangest soun pervades the air,
The Neds, nou silent, staun an stare,
As tho released frae some nichtmare,
    They form a line,
As Cathy leaves the thoroughfare,
       They mairch behind.

Wee Neds, big Neds, fat Neds, thin Neds,
Neds! Wha leapt frae last seeck-beds,
Neds! Drivin wee Peugeot mopeds,
    Jine the *melée*,
'Nike', 'Kappa' or 'Burberry' cled,
       They follae Cathy!

By the magical tune entranced,
The Neds aa capered sang an danced,
Wi ne'er a backward luik they glanced,
    As oan they trekked,
Fuelled bi the 'Buckie', hou they pranced,
       Throu Auchinleck!

Wi Cathy leadin, oan they strode,
Oot alang the Barony road,
Nae need tae yell, cajole or goad,
    Spellbound, o'er-come,
Till River Lugar, deep an broad,
       Lies afore thaim.

Still pipin hard abune the spume,
Wee Cathy toots her eldritch tune,
The Neds are led oan tae thair doom,
    And in they splatter,
Till each and evri wan wis drooned,
        In Lugar Watter!

Juist yin wis spared this dreadfu dree,
(He wis oan 'Invalidity'!)
An limpin wi an injured knee,
    Whilk hud been pin't,
Combined wi his inebriety,
        Goat left ahint!

Thus ended then the 'Buckfast ban',
An peace returnt tae aa the land,
Auchinleck – that haven o calm!
    Is nou 'Ned-Free'!
Auld folk can nou shoap free frae harm
        Thenks tae Cathy!

Wha's free nou tae admeenister,
A worthy 'Justice Meenister'!
Wi nuthin strange or seenister,
    In *her* red briefcase,
'Cept some o the 'Buckie' nectar,
        She keeps – juist in case!

Subject: Your e-mail message was blocked

MailMarshal (an automated content monitoring gateway) has stopped the following e-mail for the following reason:

It believes it may contain unacceptable language, or inappropriate material.

Please clean-up or re-phrase the message and send it again.

The blocked e-mail will be automatically deleted after 5 days.

MailMarshal Rule: Bothways: Block Unacceptable Language
Script Offensive Language (Basic) Triggered
Expression: arse Triggered 1 times weighting 5
Script Offensive Language (Extensive) Triggered
Expression: arse Triggered 2 times weighting 40
Expression: (my OR your OR nice OR big OR the OR her OR his OR fat OR tight OR sweet OR great) FOLLOWED BY =
2 arse Triggered 1 times weighting 60

For more information on email virus scanning, security and content management, visit **http://www.marshalsoftware.com**

'Unacceptable Language!'

'Mail Marshal, an automated gateway,
Monitoring the content o oor mail,
Hus blockt an e-mail that ye sent the day,
And strongly advise ye we shall not fail,
If ye dinnae clean up an mend yer ways,
An remove this wurd that we deem obscene,
Tae delete yer message eftir five days,
We cannot allow sic filth oan oor screen.'

Ah taen exception tae a damn't machine,
Wha's brain came frae marshalsoftware.com,
Censorin ma poem, ken whit ah mean?
The yin requested bi ma auld frien Tom,
Wi whit could it possibly disagree?
Ah scanned thair message, but info wis sparse,
The 'F' wurd, the 'B' wurd, mibbes the 'C'?,
The wurd that hud caused sic offence wis 'Arse'!
But ye'll ne'er believe whit happen't next,
A list o the wurd's myriad uses,
There, neatly arrayed in Times Roman text,
Appraising me o its past abuses;
My arse or your arse, nice arse or fat arse,
Ah couldnae believe whit ah wis seein!
Great arse or sweet arse, big arse or tight arse,
Some o ye, ah see, ur disbelievin,
This couldnae possibly go unavenged,
This spurious attack oan ma guid name,
Ah plotted an planned tae tak ma revenge,
Ah'd send it some wurds, an yins no sae tame,
Ah trawlt throu lists o dreadfu semantics,
The maist foul an awfy wurds that ye'd ken,
Revellin in sic rebellious antics,
Here is the list that ah stairtit tae pen;
Murder an *rape*, an *war* an *starvation*,
Racism, Fascism, Cancer, disease,
Famine an *poverty, deprivation,*
Whit wurds dae ye ken mair obscene than these?
Ah mail't thaim straicht aff doon the E-highway,
Nae reply came back, sae we must concur,
'Real' offensive language is quite okay,
Thae wurds wir accepted withoot demur!

Aye, He's The Big Man

Aye, he's the Big Man,
Or so they think,
Bowchin, blusterin,
Bullyin, blawin,
Aboot whit he wid dae,
Hou he wid sort them oot,
Wi aa his answers in his fists.

A forensic history,
Lang as yer airm,
An a jyle-hoose tattoo
Fir evri stretch he's duin,
The litany o a life lost
Etched upon his skin,
Aye, he's the Big Man.

But they dinnae see him
In the wee sma hours,
Curlt up ticht in a foetal ba,
When the ghost o his faither
Veesits his room,
Baith hauns clampt grimly
Owre his face.

Aye, he's the Big Man.

Hauf Price – Or Less

We've leeved oor lives in howps
O better things the morn –
But nevvir the day.
An the things we've aye wantit,
An the things we've aye dreamt o,
Bide, juist oot o reach –
A day, a week, a year awa.
Aye haein tae settle fir saicont best;
The factory shoap, the bargain rack,
The best rate fir whit loan we'll tak –
Aye makkin dae.

Wi forritsome flumgummerie
We set-oot oor gawsie wares,
When life begowks us frae bearin the gree,
An crousely brag *'We goat a grand deal there!'*
Tryin tae hide the hert-scaud in oor een,
An failin, as usual, tae kid wirsels oan;
Oor glesses aye hauf-fou,
Oor lives hauf-leeved,
Aathing hauf-price – or less.

FMD

He gently cradled the last lamb o Spring
Contentedly it suckled oan his thumb
An auld trick he'd learnt if they stert tae squirm
Felt the rhythm o life beat lik a drum
'Are ye aa richt Jock?', but he couldnae speak
Couldnae meet their gaze, hudnae slept fir days
Fir noisy cranes; disinfectant; an reek
Hud faither been alive whit wid he say
These Vets an squaddies invading the fairm
His grup grew slack, the jag taen its effect
The lamb grew cauld an lifeless in his airms
Bi sunset the last Land Rover hud left
The rope he'd used, tae tie the gate, wis slack
He stept taeward it, stopt, an then turnt back.

Sinister Fires

Tae celebrate the Rites o Spring Druids wid honour Baal,
Oor ancient forebears lit their fires atop the heichmaist hills,
At Laganaweel, the 'Hollow o Bluid', sacrificed an burnt,
Their faces, fiercely pentit, flickered briefly in the flames,
In a frenzy they wid dance, tae appease their Pagan gods,
Rocks fae their rude altars, scorched an scattered, still remain.

The Warden o the Mairches kent the eesefaeness o fire,
Alang the Scottish Border pyres were built oan every hill,
Appointin Beacon-Lichters, wha wid peer at Lammas-Tide,
Tae catch a glimpse o horsemen, cattle lowin in the nicht,
Thae thrieveless men, wha failed tae kennle their fires,
In the embers o their hames he'd anneal them tae his will.

Noo hills are wreathed in reek fae mair sinister fires,
An rituals we thocht lang gane hae returned tae haunt us,
Reivers o a different kind come plunderin oor herds,
Strangely garbed executioners, wi thair Government rules,
Incinerate sacrificial lambs oan railway sleepers,
Whilst fowk oan faur off fairms watch, fearfully, the skies.

Ane Auld Sang

Evri year the same at the 'Black Joan'*
'Gentlemen rise, and give the Loyal Toast'.
The chairs scrape loudly oan the wuiden floor,
As dutifully they aa staun tae a man.
Grey auld veterans stiffen tae attention,
National Service heroes puff their chests,
A wheezin kist o whistles dis its best,
Grinds oot the usual tuneless rendition.
Shooder tae shooder wi Sheridan's stance
The Nationalist boys staun cheekily mute,
Ignorin thaim wha'd like tae chip thaim oot,
Fir sic 'dumb insolence' they hung men aince;
Afore they aa were grupt an taen away,
The baun at Bonnymuir played 'Scots Wha Hae'.

Ye'll no hear ocht o that in aa yer schuils,
Baird an Hardie, barbarically quartert,
Ot hielant lads wham Cumberland slauohtort,
The aix wis aye a cure fir Scottish ills.
'Nae great mischief,' Wolfe said, 'Gif they should faa.'
An faa they did, an fir an empire bled,
While thaim at hame wir barely cled or fed,
Till they could staun nae mair, backs tae the waa.
The Radicals, hapless proclamation,
Wis suin stampt oot wi punishments obscene.
Twa generations oan, at Glesca Green,
Tanks were sent tae crush a nascent nation.
Sic mixter-maxter thochts left me gey thrawn,
Fore sittin back doon tae the nicht's ongauns.

* *'Black Joan', from Burns' poem 'The Five Carlins', was the name Burns gave to the town of Sanquhar. In Burn's time it was pronounced as having two syllables, i.e. Jo-Anne.*

41

The ghaists wha sell't us oot return tae gloat,
As fishin faimilies' livelihoods are taen,
We bigg ironic metaphors o stane;
A Pairlament o upturnt fishin boats.
We ettle tae revive nou 'ane auld sang,'
Wi the 'hole in the grun' at Holyrood,
But thaim that criticise Miralles should
Tak tent, let's hope tae Christ they're mibbes wrang.
Aiblins the wool they'll pu wi some stealth tax,
'Keep Gaudi's Cathedral, Foster's Reichstag,
Ye've no goat ocht lik oors!' Scots lads will brag,
An then the shirts frae aff oor backs they'll rax.
While nou three hunnert years are aamaist gaen,
We still seek fir a sang tae caa oor ain.

Burns said, 'We're bought and sold for English gold'
And he should ken, he kissed King Geordie's loof,
'Friend o the people?' there's nae eneuch pruif,
Tho honest there's nae doot, if truth be told.
But Bruce sell't William Wallace aince fir gowd,
Thae sheep wha bleat the loudest i' the buchts
Aye see their trochs get haipit weel eneuch,
It wis the Bruce, no Braveheart, wha got crowned.
That reviled anthem penned bi Dr Arne,
Juist months afore the farce o Culloden
Left the barren muirs wi bluid red-sodden,
Urged Redcoats tae crush 'rebellious Scots' hairns.
Verse six wid hush thaim aa withooten doot.
While as fir me? Ah staun an belt it oot.

2002: The Year That's Awa

This verse the day won't tax yer brains,
Juist simple fare tae entertain,
Thair's nae Pan-Breid the day, juist Plain,
     Sae wi a nod tae Rabbie,
A weel deserved kick in the stanes,
        Dish't up in 'Standard Habbie!'

The Sun's headlines read 'Beck us pray!'
An Scotsmen shoutit 'Hip-Hooray!'
'Why wis it no his neck', they say,
     An no his Metatarsal?'
All kneel and kiss St Beck's big Tae,
        'Thenk God it's no his arsehole!'

Ulrika did her best tae blame
Sven, but the man hus goat nae shame,
Showin Big Stan's Video Game,
     Oan England's World Cup bus,
If *they* hud scored away fae hame,
        Ye'd no huv heard much fuss!

The World Cup brocht we Scots some cheer,
Seaman: Goalkeeper o the year!
The boys up here ne'er shed a tear,
     Fir the pony-tailed menace!
Bring oan Tim Henman, Summer's here!
        'Anyone fir tennis!?'

D2's 'SOVIET' knicker show,
They tell me wis the place tae go,
Decadence reached an all time low!
      The newspaper rants;
'New Lingerie Magnifico!'
         Whilst ithers said 'Pants!'

The auld Queen Mum cashed her chips in,
An provin even saints can sin,
The shares crashed et 'Beefeater Gin',
      She's backt *her* last filly!
Some ither auld queens luik gey duin,
        Puir auld 'Backstairs Billy!'

The *Mail* ran 'Whit The Butler Saw!'
Tales tae enlight an thrill us aa,
Thair rivals aa micht fidge an claw,
      They smugly gloatit,
Some spat the Dummy et the waa,
        (Cause they'd no bocht it!)

Paul Burrel weel micht feel aggrieved,
Did HRH think tae deceive?
Whit tangled webs the Royals weave,
      And smoke-stained glory,
Is all that ash burnt roses leave,
        O Di's sad story.

There's nane in here that need be told,
That Arnold Kemp lies stark and cold,
Who spun pure journalistic gold,
    O whom we'd truly say,
A warmer heart death ne'er made cold,
      We have seen better days.

The firemen aa ur in a blaze,
Owre the much vaunted wages' raise,
We cannae afford, Tony says,
    These extra millions,
Whit's the price o a war these days?
      Twa or three billion?

Ithers tae hae loast thair halo,
Big Johnny 'Twae-Jags' wisnae slow,
Telling the unions whaur tae go,
    Tae think he wis thair mate!
'Ten thoosan joabs wull hae tae go!'
      Played Deil's Advocate!

And thaim whase forecasts wance seemed sound,
Whaes fiscal prowess wis renowned,
Chancellor Broon, wance ironbound,
    Deemed tae be unsinkable,
Till guid ship *Prudence* ran aground,
      Nou faces the unthinkable!

Business AM's negative view,
Made Scottish boardrooms' air turn blue
Lack o investment? That's no true!
     But nou whae's greetin?
As Bonnier Group turns the screw,
        The AM's sweitin!

Scottish media's oan the rack,
Barclay Brithers' surprise attack,
Oan SMG micht mean the sack,
     Or even worse!
Exile upon the Isle o SARK!
        Nou *there's* a curse!

Wacko-Jacko, the 'Mad Bad Dad!'
Hung the wean fae his penthoose pad,
This act drove aa the tabloids mad;
     Reuter's picture seller?
Did *his* lens *bend* the truth a tad?
        (Wha needs Uri Geller?)

Those 'ʌ' List bonkin trailer trash,
Robbie an Rachel's naked thrash,
Brocht editors some needfu cash,
     But did they bicker?
Naw! They'll happily print yer splash,
        Juist drap the knickers!

Scottish parliament's first five years
Luiks like tae end in grief an tears,
An ghaists return fae bygane years,
    Tae shock an haunt us,
Meenisters strangely disappear!
      Weel, Maggie warnt us!!

Edwina Currie's poison pen,
Wrote o shaggin et Nummer Ten,
Soap-Boax Major (wance her friend)
    Will henceforth wisely note,
The favours she wis keen tae lend,
      Proved Currie's faur too hot!

The NATO chiefs, wi Bush an Blair,
Micht justly rant an pu thair hair,
Fecht if ye want! (we'll no be there,
    If that's whit ye're sellin),
Evil Emperors evriwhere,
      Should aa tak a tellin.

Snortin coke an shaggin weemin,
Big John Leslie, Angus Deayton,
Baith o thain luikt gey near greetin,
    As they liftit thair prize,
Grim-faced left thair bosses' meetin,
      Wi thair P45!

Deayton's coke-fuelled, sex-crazed binges,
Proved his mind's cam aff its hinges,
Nou ahint the door he cringes,
    Fae the Tabloids ye say?
Men in white coats wi syringes
       Come tae tak him away!

John, wha pit the '*Blue*' in Peter,
Pit the '*Peter*' in Ulrika,
Tho she taks it by the metre,
    Her harrowing tale,
Saw Max Clifford's Polygraph Meter,
       Gang clean aff the scale!

Twa thoosand an two! Whit a year,
Fir doom an gloom, an stories drear,
Thenk God Ne'erday wull suin be here,
    Tae cheer us up,
An forward, tho we luik an fear,
       We'll no gie up!

Time nou fir Poesy tae disperse,
Ah'll sit back doon upon ma arse,
Rab Wilson ne'er wis averse,
    Tae free the Muse's genie!
But if ye've no enjoyed the verse,
       Then ma name's Seamus Heaney!

Killers

Wi a deid pheasant at its feet, the Fox
Glassily stares at a startled Barn Owl;
Its ae thocht in this grim tableaux is daith.
The Barn Owl warily returns its gaze,
The kind o respect seasoned killers hae
Fir thaim wha'd aiblins exterminate thaim.
The Fox an Barn Owl, each play out their pairt,
Lockt athin a translucent confinement,
Gapin frae their auncient display cases,
Owre a baur-room's nerra eternity.
While thaim that pit thaim there staund gless in haund;
Jokin, lauchin, seemin aamaist hairmless.

Moniaive

Haiku sequence

Transparent, asleep
Thin delicate strands of life
Await Spring's sunshine

Gently swaying wheat
The golden stalks concealing
A fat sleek field mouse

Poised upon the wire
Swallows patiently await
The fall of the leaves

Veiled by falling snow
The Rookery is silent
Listen, can you hear.

Health Statistics

I   AWOL

The boy hud went AWOL at fowr o'clock
The Polis sairgeant phone't the back o twae
Tae say they'd fun a body in a pub
That fittit his description tae a tee
Could wan o us mibbes mak an ID?
Sae ah volunteered. Weel, whit can ye dae?
Ah taen an NA, we drove throu the nicht,
An spake o nuthin in parteecular.
Hopin that aiblins they'd goat the wrang man,
But kennin fine weel juist whit tae expeck.
'He'd dee'd they said eatin a bag o chips,'
The Polisman clutchin the clipboard said,
'Happy drunk, accordin tae the baurman.'
In the cauld stark glare o the neon licht
In the rin-doon hospital corridor
The Porter's keys jangle't oan evri step
That taen us doon tae the Mortuary.
As they slid him oot oantae a trolley
We sheltert ahint the usual seeck jokes.
'It's him richt enow,' we grimly agreed
As the Porter unveiled the livid face,
That hud lauched at Billy Connolly's craic,
An tried it oan at nicht fir PRN.
They reckon he'd mibbes scored a bad bag,
They'd fun some burnt tin-foil in his poacket.
The Polis foldit his pictur awa
Bi his luik ye kent the boy'd no be missed.

We drove back tae base in the smirry rain
An airgued aboot last week's Auld Firm gemm.
There's nuthin quite sae prosaic as daith
Ah thocht when ah finally goat back hame
Stuid starin at the bathroom's mirrored ghaist;
Then synt ma face tae wash awa the nicht.

II   WHEN MA MEMORY FAILS ME

When Jessie's memory failed,
The OT made her a buik,
A scrap-buik, fill't wi auld photographs;
Here wis her man,
Her gairden, her house.
They hudnae ony weans.
An here wis her man's grave,
Wreathed in funereal garlands.
Sae when each day she askt tae gae hame,
Tae mak Bill's dinner, or mak Bill's tea,
We wid tell her, each day, that Bill wis deid,
And gently remind her wi that buik.
Whit ah wid gie nou tae forget that look.
Naw, ah'll no be sad when ma memory fails me.

III   A BRIEF MOMENT O INSIGHT

Maya Angelou and Philip Larkin,
Emily Dickinson and Norman Cameron,
Carol Ann Duffy and Vikram Seth,
And a host o ither famous names,
Lie obscenely thegaither
In a tangled heap,
In the wastepaper-basket.
Torn, tattert and discardit,
Ye've become, literally,
Metaphorical confetti –
Aa shreddit semantics,
Crumpled consonants,
Lacerated alliteration,
A destructive enjambment
Cairriet ruinously
Oan.
Each and ivverie wan o you
Hus signally failed
Tae dae whit it says oan the tin.
The patient in room wan,
Detained oan Section 18,
O the Mental Health Act,
Has seen through you, Daisy Goodwin,
An yer '101 poems to keep you sane'.

Thus Spake Zarathustra?

We gave my daughter's pine wardrobe away,
a product of our increasingly
throw-away society.
The gardener from Drumlanrig took it.
He seemed the type of guy
who might be good with his hands,
so, opportunistically I
offered the leftover remnants
from the laying of the laminate floor.
Surprisingly he took them,
informing me that his son
wanted a fort to be built
to garrison his battalion of toy soldiers.
Charmed with the delightful image
of this festive season assault
upon the walls of commercialism,
I gladly loaded the lot
into his Astra estate.
Later, as I stood with my daughter,
in her newly decorated room,
I pointed gleefully at the grain of the wood,
where it terminated at the far-away corner,
and prophesised over its elaborate pattern;
'Where that grain ends
great campaigns will be planned,
desperate battles will be fought,
and men will valiantly fall
in brave last stands for the fatherland!'
She gave me her most quizzical look,
'Dad', she said, 'You are completely mad!'

Fazioli's Pianos

Paulo Fazioli makes pianos,
From wood chosen in the Val di Fiemme.
Stout descendants of Stradivarius,
Hand-picked for their natural resonance,
'The Tree of Music', Red Spruce sounding boards,
Whose sound waves travel perfectly unchecked,
Impelled six thousand metres per second.
First though the wood must rest, lose its tension,
Repose with its fellows in darkened sheds;
Hornbeam, Larch, Mahogany, Beech, Boxwood,
Maple, Poplar, Walnut and Ebony,
Snugly stacked and catalogued they slumber,
Till they are kissed back to life by music.
A symphony composed of elements,
Iron fundamentally matched with wood,
An amalgam of ferrous and alloy,
The marriage of a thousand working parts,
Strings straining with their load of twenty tonnes,
Each steel strand hand-wound with glowing Copper,
Eighty-eight hammers awaiting their 'voice',
Eighty-eight keys to perfectly balance,
Amidst frenzied workshop activity,
Aroma of camphor, glue and sawdust,
Till finally he nods, it is finished.
From five easy pieces to Perahia,
From short, sharp staccato to glissando,
From pianissimo to sforzando,
The magic crafted by Fazioli.

Brother John

for JM

Brother John sits, hermetically sealed,
Atween the nerra waas o his lanely cell.
Lips pursed, een steikit, as tho in a dwam,
The haunds claspt, aiblins in supplication,
Rest lichtly upon the spotless parchment.
A flash, a spark, syne lowps frae the void,
The void whaur aathing at aince begins –
He grups the quill, quiverin wi anticipation
An commits the sacred wurds tae the page,
In praise o Sanct Hugh o the shinin letters!
It is duin, weel duin. He lays his burthen doun.

Forjeskit, he trauchles tae the wee back-room,
Ettlin tae partake o some hamelt fare;
Some tatties, some herrin,
Some breid, a wee tait cider.

Afore he retours tae the wearisome tyauve
He taks his usual short daunder outside,
Amangst the verdant raws o tattie shaws,
Tae rest a meenit ablow the maple trees.

Syne, his een alicht upon the shrine
That he's biggit, in praise, o honour o whit?
He'll aff-haund admit that he's '*no quite shair!*'
But his haund raxes oot, an caresses it,
While a bricht butterfly portentously alichts,
Shimmerin lik a starn oan its tapmaist heicht.
'*Mairvellous!*' he murmurs, takkin in its beauty,
Its harmony, strength an fragility,
Aathing in fluid equipoise:
The equilibrium o cosmic forces –
Till, suddentlike, it depairts lik a flectin thocht.

Brother John nods, an knowingly smiles,
Repeats tae hissel the liturgy;
'*The task, the faith, the wark, the truth –
It is time!*'
His scriptorium beckons.
He turns tae leave.

Ah love it!

Ah love it! The Sweet Black an Tan o it,
Rompin hame at fourteen tae wan o it,
The knickers aff ready wham-bam o it,
Baldrick's cunning plan o it,
Biryani an Garlic Nan o it,
The healthy breakfast bran o it,
Topless babes at Cannes o it,
'Wash me please!' oan the back o the van o it,
Ah must be the nummer wan fan o it,
Big Buster daein the Can-Can o it,
The 'Nae plain breid!', 'Gie's Pan!' o it,
Wild nichts oot oan the ran-dan o it,
The mither-in-law's strawberry flan o it,
The Tommy Sheridan tan o it,
Weekends at the caravan o it,
The World Cup in Japan o it,
The inscrutable Yin an Yan o it,
Thon daft big Orang-utan o it,
The Nocturne by Chopin o it,
The fully rigged catamaran o it,
The Bookie's line also-ran o it,
'Noo, wait fir the Lollipop Man!' o it,
John Wayne's 'Back tae Bataan' o it,
The 'Gaun yersel, wee man!' o it,
Ah love it, ah love it, ah love it!

Somerfield Checkoot Coonter #1

'Jist a passin thocht – – –',
That wis whit the big daft boy said,
Et the Somerfield checkoot coonter,
(He wisnae the full shillin.)

The auld fellah that wis wi him,
Mibbes his faither, or grandfaither,
They baith squared up tae wan anither,
An hud a richt set-tae aboot it.

Meanwhile, the auld wummin in front o me,
In the red scarf an jaiket (wha stank o pish),
Her een wir firmly fixed oan the grun,
An her hauns shook lik deid leaves.

Wi her hauf-empty basket;
Twa pund o tatties, an onion,
Twa pund o lard, some butter.
Whit kind o messages is that?

The last vestiges o pride kept her oot
O the 'six items or less' queue.
The Checkoot lassies aa poued faces,
Twa pound fifty-seeven (an nae cash back.)

Embarrassed, we laughed, an tae ease the tension,
Ah scooted some 'Spring Bouquet' Air Freshener,
But it wis a puir joke, an we couldnae
Look wan anither in the ee.

That's the trouble wi real life,
It's no like the telly,
Ye cannae jist switch it aff,
When ye see somethin ye don't want tae see.

Onywey, the big daft boy wis still airguin
Wi the auld yin,
An that wis whit he said,
Et the Somerfield Checkoot Coonter.

Spellbound

John McGeoch 1955–2004

When the DJ announced the dowie news,
The untimely daith o John McGeoch,
Ma finger distrackitly traced his name,
Oan the steamed-up windae inside the caur.
As thon distinctive intro fillt the air
Unbidden thochts cam tae cairry me back,
Tae the student flat in Paisley Road West,
Whaur we skinned up oor joints oan album sleeves;
'Shot by both sides', Devoto's 'Magazine,'
Yer hair flopped tentlessly ower wan ee,
An SG Twa-Thoosand whirlin dervish,
The auld Apollo wi Siouxsie's 'Banshees,'
Lang gane double bills wi the 'Simple Minds,'
In Night Moves wi Jobson's 'Armoury Show,'
Playin foil tae Lydon in PIL.
The Greenock boy whaes broad guttural brogue
Deplored 'twiddlae-widdlae' guitar solos,
Weavin a faur mair magical canvas,
Daubed wi mesmeric sonic subtlety,
Fir demi-gods tae hing their lyrics oan.
Yer daithless chords will leeve forevvir, John.
Twenty year syne ah still remain spellbound,
Listnin, as yer name fades an dwines awa.

At Tarelgin Fairm Road

As the solstice rays owre Arran wir tyned
Ma mind wis drawn tae some mystical lode
Oan a chalkt board at Tarelgin fairm road
A legend that brocht back Simmers lang syne
O pent up treasures yirdit in the past
A kettle fillt tae the brim wi Ayrshires
Herriet frae fields or collie-gairdit byres
Fir hungert, hunkert boys a fine repast
Bilin awa oan the fire neist the burn
The saut dish in yer pouch nabbed frae the house
Aiblins some 'Stork', butter wis faur owre douce
Then guddlin, scaudit fingers takkin turns
Tae satisfie atavistic cravin;
'Girvan Tatties, here today! Amazin!!'

Paranoia Confirmed

Who's there? –
Knock, knock.

'Somewhaur in the Daurk'

Sonnets inspired by the Miners Strike of 1984–85

Alex Shanks

Edinburgh

Ah wis oan Newcraighall Strike Committee
A single mither wi next tae zero
Gied us a fiver out o her giro
Men gied us free beer fae Dryborough Brewery.
The right tae work, that wis aa that we asked
Demands which the Tories said went too faur
Fir tellys, holidays, mibbes a caur
Sae judges an lawyers taen us tae task.
Ah wis dragged through the courts, heavily fined
An haen nae previous wis nae defence
Fined twa hunner pound fir a first offence
Aa ah did wis staun oan a picket line.
Ah'll nevvir forget it, it's left its mark,
It festers there yet, somewhaur in the daurk.

Margaret Armitage

Fallin

The Fallin weemin formed a committee,
We caa'd wirsels Polmaise Wives Support Group,
We ran wee prize bingos, provided soup,
An chairged fowk sae much, it made funds ye see
Weemin were empowered an that wis new
Ah stood oan platforms, gied speeches an talks
Christ, ah even appeared twice oan the box
Ah'd confidence tae air ma point o view
We stood shooder tae shooder wi the men.
Ah've kept aa ma books an things fae the strike
Ah'll nevvir pairt wi them, naw nevvir like,
Ah wid dae the same things aa owre again.
The wheel o village life spun roond the Pit,
When they taen away the hub, that wis it.

Dave Maguire

Auchinleck

They stairted back oan the Tuesday mornin
Ah stairted back the *followin* Tuesday!
Then they shut the Pit doun, it's aa away
Scargill wis richt, he gied us a warnin
Said in ten years there'd be nuthin left here
Ablow the brig there's no even a shop
Cept fir the Chinky, an neds smokin dope
It's no the same, no the same atmosphere
Mibbes ah'm depressed but whit can ye dae
There's nuthin tae dae, nae use complainin
Whaur ur ye gaun tae go when it's rainin?
Ah'm feenished wi work, ah'm by wi life tae.
When the Pits were gaun this place wis alive
Scargill gied us ten, it's only been five.

Billy Hodge

Cumnock

Gaun doon the Pits wis an easy road out
Ma faimily aa went, sae ah went tae.
Ah wis deeply involved wi the Strike, nae
Qualms, fir a year it wis ma main pursuit.
We went wir ain road an ah'm proud tae say
The hale community pu'd thegither
A band o comrades, cared fir each ither.
We raised oor ain funds an peyed our ain wey.
Pits huv been the wey o life around here;
Fowk that owned pubs earnt money fae miners,
Fowk that hud shops earnt money fae miners,
Nou? We kin haurdly afford tae buy beer!
We'll nevvir win back whit the Tories took,
The future? This isnae the place tae luik.

Alex McCallum

Fallin

Ah goat sacked at the sit-in doun Polmaise,
Sacked! Fir juist waantin the Pit tae survive
The gaffers haun't me ma P45;
But ah've hud tae battle hard aa ma days.
When ah think o thae men flung oan the Dole,
Auld Bobby wis sixty, he'd taen a stroke,
We focht his case, ah hope they bastarts choke,
They refused tae even gie him his coal! –
But that's hou bad it wis. Eftir the Strike
Ah struggled fir work, blacklisted until
We baith goat joabs wi the local Cooncil.
The wife stood by me, ask her whit it's like
Nae joab security, leevin in fear –
An we'd hoped tae hae a wee brek this year.

Martha McCallum

Fallin

Ah hale-heartedly agreed wi the Strike,
It broke ma heart when they shut doun the Pit,
Ah mean, ah juist gret an gret aboot it;
The miners' principles ah thocht wir right.
The Strike ruined us here, ah'll tell ye whit
Ah taen wee cleanin joabs an that, ye know,
Tae pey the telly an the video,
A hard road, an nae twae weys aboot it.
Ah hate the Polis nou, ken whit ah'm sayin?
True, miners didnae act wi perfect grace,
But whit they did wis a total disgrace!
Ah'll nevvir be the same wi them again.
The Pit's away, but let me mak It clear,
Ah don't begrudge a *meenit* o that year.

Helen Gray

Cumnock

At the stairt o the Strike ah worked pairt time.
It wisnae easy, the weans wir juist wee,
But ye took things then in yer stride, ye see
Ma man wis gaun oot oan the picket line.
The weemin aa goat theirsels organised
Makin meals, crèches fir watchin the weans,
A bus ran tae London, we juist drew names,
Ah goat tae go, which wis a nice surprise.
The bad times? It broke some faimilies up,
An the debt we goat intae wisnae real!
Chaip Cider an wine aye helped things tae heal;
A greet an a song, tae cheer wirsels up!
The papers an telly fed us pure shit,
But eftir the Strike? We kent whit wis whit.

Rab Gray

Cumnock

Ah'm wan o the lucky yins ah wid say,
There's nuthin fir young yins about here nou,
Ma middle boy's scunnert, stuck oan the Broo,
They talk o 'Long term prospects,' whit are they?
It's aa Opencast wi their twelve hour shifts,
The big boys hae goat the ba at their fit,
Ye've twae choices, pal, 'Tak it, or leave it!'
They don't want ony unions causin rifts.
It's no the same as when the Pits wir gaun,
Ah'd gae back doon ablow in a meenit,
A different class o fowk, an ah mean it,
A place ye'd nevvir tae ask fir a haun.
In this world nou they'd stab their ain brither!
Doun there ye looked eftir yin anither.

Yvonne Hodge

Cumnock

Ah wis juist nine at the time o the Strike,
Ah thocht it wis great, cause we goat free meals,
But money wis ticht, fowk suffert fir real,
Ah wis juist a wean though, nevvir knew like.
Ah couldnae unnerstaun, we'd nae new claes,
When ither yins wir gettin new trainers,
Ah caa'd fowk 'Scab,' but ye ken whit weans are
Like, ah regret some things ah uised tae say.
Ah mind ma dad in the kitchen greetin,
Ah asked 'Whit's wrang?' an he said they wir beat,
Nou things are worse, an they nevvir wir great!
It's aa changed roond here since they goat beaten.
Ah'm nineteen nou, wi a wean o ma ain,
Ah've seen enough anger, seen enough pain.

Danny Gemmel

Auchinleck

Scargill said we'd be out anither year,
We wir rock bottom, an morale wis low,
Dae ah regret the Strike? Morally no,
But that feenished maist o the boys in here.
The village nou? Nuthin but a ghost toon
Nae future, nae joabs, auld men walkin dugs,
Aa they leeve fir nou's their Buckie an drugs;
Shops aa boarded up, wi their signs torn doun.
Ma faimily wir aa fae mining stock;
Faither, grandfaither, three generations,
Hung out tae dry bi the 'Wealth o Nations'
They talk o wastage, but they're wastin fowk.
They've spent mair keepin miners oan the dole,
Wid it no be chaeper tae dig fir coal?

Pat Rattray

Kelty

Ah leeve in a place in Fife caa'd Kelty,
It wis built oan coal, but there's nae Pits nou,
An men that's goat work traivel, baur a few,
We saw it comin, ah could hae telt ye.
Ah picketed Longannet, Castlehill,
Solsgirth, Kincardine, ah wis at Orgreave,
They jiled me twice, ye'd haurdly believe
Ah'd nevvir yince been in ony trouble.
In ninety-twa we aa walked tae London
Whit a fantastic adventure that wis!
Ye'd ne'er believe, fowk waanted tae touch us!
An the kindness we goat fae evriwan!
Naw, ah've nae regrets, ah focht the guid fight –
An did it because ah thocht it wis right!

Billy McLean

Kelty

Ah kent eftir the Strike that we wir beat,
This manager ah'd hud a run-in wi
Said (three weeks eftir the Strike bi the way)
'*It's constant nichts or there's the fuckin gate!*'
Naebody will ken the true cost o the Strike,
Truth is the Tories juist waanted revenge,
McGreegor an Maggie out tae avenge
Theirsels fir the seeventies an that, like.
Stories ah could tell; Orgreave picket line,
Led us straicht in, they aa kent whit tae dae,
They battered the fuck out o us aa day,
An the News that wis shown wis redesigned,
They werenae the true facts, that wisnae real
'Truth' wis whit ma country tried tae conceal!

Archie Campbell

Kelty

Ah'm sixty-nine, ah'd aye worked doun the Pits,
We'd seeven or eicht Pits round about here,
An ah've worked in six o thaim owre the years;
But ah'm gled nou that ah've hung up ma buits.
Ah focht the closures in the early days,
Ah'll admit though it nevvir duin much guid,
Labour shut as mony as Thatcher did.
Durin eichty-fowr ma knees wir away,
Ah wis oan insurance richt through the Strike,
Which wis probably juist as weel fir me,
Ah could nevvir keep ma gub shut ye see.
We'd nae real hardship cause the wife worked like,
The young yins aa peyed digs, but here's the rub
Hauf it's aye mooched back when ah'm doun the pub!

Andrew Leys

Whitburn

The Strike wis a laugh, a brilliant laugh!
We hud some funny times doun South, aa thae
Wee characters ye met, the things they'd dae;
That boy killt in Wales though, that wis plain daft.
Polkemmet, aye, weel, that wis juist a crime,
They deliberately flooded the pit!
Withdrew the safety cover, that wis it!
Destroyed oor joabs, Christ, they should hae duin time.
Ah taen ma 'Dundy' an twelve weeks in lieu,
Ah splashed out a bit, bocht a brand new bike,
Ah gie it an airin (wance a year like!)
Ah'd some tough times tae, spent time oan the Buroo,
Ah've struggled at times tae buy the weans shoes,
But we nevvir stairved then, we'll no stairve nou.

Mick McGahey

Penicuik

We aa thocht that Thatcher wis backin doun,
But naw, she wis only bidin her time,
While Ridley wis plannin tae shut each mine;
She wis makkin shair we'd dance tae her tune.
Ah wis arrested nine times in the Strike,
They sackt me fir that, it's whit ye expect,
Bein political ye're aye suspect;
Undesirable, an they'll get ye like.
Then ah dodged away oan joab creation,
Ah enjoyed it, it goat me fit again,
Climbin hills, wi bags o trees, in the rain;
Ah eked it out oan the compensation.
Ah work as a hospital porter nou,
Ah feel quite lucky, joabs round here are few.

Joe Owens

Blackburn

Ah stairted in Riddochill Colliery,
Forty-six year later in Bilston Glen
Ah taen ma 'dundy', an that wis the end;
Bi then it wis aamaist arbitrary.
Ah wis seeckened wi aa their dirty tricks;
Bankrupt the country tae beat the miners,
Some wir heroes tae Tory hardliners,
Thon guy at Polkemmet wha pu'd the switch,
The Coal Board hud the gall tae promote him!
Millions o pounds worth o plant wir destroyed,
The kind o sabotage Hitler enjoyed!
If they'd gien me a gun ah'd hae shot him.
We wir unner extreme Capitalism,
It wisnae a time fir Idealism.

Jackie Aitchison

Dalkeith

Ah wis born at 'The bottom o the bing,'
An went intae the Pits in sixty-nine
Ma interest in the union grew owre time
Ah wis made Branch Secretary, that's something
Ah'll aye be prood o. Then we hud the Strike.
The NCB targeted Bilston Glen
An did aa that they could tae brek the men
They'd gae sneakin roond mens' doors late at night
Bribing, cajoling them tae go back in
They painted a 'Border' ootside the Mine
Ah goat sacked fir daurin tae cross their line
We focht a tribunal, but couldnae win.
Ah'm back oan ma feet, but its cost me dear
Eftir it ah wis blacklisted fir years.

Jim Armitage

Fallin

Ah worked as a coalcutting machineman,
Ah worked wi ma faither fir fourteen year,
But eftir the Strike it suin became clear
There'd be nae mercy fae Wheeler's henchmen;
Fifty year auld, an ye're oan the scrapheap!
Ah've mind ah walked owre that bing evri day,
It taen juist three months tae redd it away;
Nincty years o toil, gane fae the landscape.
An ah've mind this section, that man, this run,
The camaraderie, the boys ah knew,
A wheen o them's away, deid and gone nou –
Ah've mind o the laughs we hud, an the fun.
Ah tried tae write a buik, anent the Pit,
Ah managed twa pages, an that wis it.

John McCormack

Fallin

I

Ah left schule at fifteen, oan a Friday;
Nae exams then or ony palaver
If the surface Foreman kent yer faither
That wis you. Ah stairted oan the Monday.
Fallin hus ayeways been a village Pit,
Here, in the village, Polmaise Three and Four,
A tunnel linking up, faur doun ablow,
Polmaise One and Two, doun the road a bit.
Fir fowr or five year ah duin surface work,
Then oncost joabs till ah'd duin ma trainin,
Then constant backshift, cause ah wis playin
Fitba at weekends, signed up wi Falkirk.
Ah played professional fir eicht seasons –
When we won the Cup in fifty-seeven.

II

In thae days we'd aa come hame frae the Pit
In wir workin claes, an yer een wir black.
We'd stoap at the Welfare tae hear the craic,
An each wan o us still hud oan wir buits.
The place ah worked wis a faur-away run,
We'd focht the Germans, an the joke goat told
That nou we wir tryin tae steal their coal!
We'd a fowr mile hike, it wisnae much fun.
Wir jaikets wir aff, the tap o the brae,
Stripped doun tae wir trousers, buits an kneepads,
Ah'm tellin ye frien, the heat wis that bad
Extra watter goat sent doun evri day.
Ah grew richt scunnert round about that time,
Nearly jined the Airmy tae quit the mine.

III

Ah became the union delegate,
At the schule ah aye liked tae see fair play,
Ah feel the same wey tae this very day,
Held the post till they pit me out the gate.
We'd hit this fault, afore the Miners' Strike,
We said we'd drive through it tae hit the coal,
But Wheeler juist waantit us oan the dole,
Even though we turned doun our bonus, like,
The men wir desperate fir the place tae go.
In June eichty-three things came tae a peak,
He locked aa the miners out fir five weeks.
We won a tribunal though, *and* our dough!
Five weeks back-pey wis peyed out in our haun
Wheeler wis *not* a very happy man.

IV

Within fowr weeks the fault hud been driven,
Hit coal that wis six feet high aa the wey
But three hunner men wir peyed aff next day –
Deprivin aa thae men o a leevin.
An act o industrial villainy!
Wi nae thocht fir Fallin they shut the Pit,
A place that hud twenty years work in it! –
They needed the money fir the Barony.
We met in the Welfare, made out a list,
The managers oaffice wis ma next stop,
He said 'You're fir the big ship lollipop!'
He meant ah wis out, an widnae be missed.
George Bolton said 'Sort it out fir yersel,'
The show wis by, ah should hae kent masel.

V

Eftir the Strike ah wis loast fir a while,
Nou ah fill forms in fir boys oan the dole,
Help weedows wi pensions claim fir their coal.
Ye'll still see me gaun through Falkirk's turnstiles,
Ma playin's aa duin fae the terracin nou!
Ah went up tae Timex, tae check the facts,
Nevvir said ah'm a miner, if they ask
Ah say ah'm fae Stirling, juist passin through.
Ah feel different nou, lik ah've loast something,
Cannae pit ma finger oan whit it is,
Ah think it's the Pit that ah really miss!
An memories o it aye seem tae bring
A burst o laughter frae the guid auld days,
An the grief an anger aa fade away.

Wigtown Bard Poems

King Galdus

Tacitus records hou the Noventae,
Unner thair heidsman,
That braw wicht, Galdus,
Focht stieve, haurd battles,
'Desperate an bluidy'
Agin the legions o Agricola.

It's writ, that his wild Caledons,
Whase Druids ritually curst thair Roman foes,
E'en cowed the Imperial Aigle o the Ninth –
But aiblins *that* wis juist Druidic spin!

Whitanevvir, tae this vera day
The hale o Gallowa bears his name,
An the nineteen staunin stanes,
Grown weary wi the years,
Still keep thair lanely vigil,
Ower the Tomb o King Galdus at Torhouse.

But e'en the thrawn smeddum o his Pictish priests
Could dae nocht tae stem the historic tide,
Waftin Ninian's galley cross the bay.

Let Wigtoune Flourish

Frae its lofty tower heich abune the street,
The auld bell tholes time, couried in the daurk,
Weathert wi eild, tho anchort lik a rock
Tae its beam. Its dull peal, a bittersweet
Subliminal score fir burgh ongauns.
Its drouthy tongue slokes mairriage, daith or birth,
Gowpenfus o rice, dust o yirdin earth,
Tolled bi generations o eident hauns.
The lustre o its bronze hus lang syne tyned,
Claithed nou in a saft green vestiary,
The hoary verdigris o centuries.
Yet, aye its vyce rings doun each nerra wynd,
That sang oor auncient forebears' hairts aince stirred;
'O God let Wigtoune flourish by thy word.'

Tam McGuffie

Chappin the door o five Agnew Crescent,
'Aaricht Bhoy!' says Tam, 'Juist come awa in.'
A souch o Wigtown's past in his greeting.
He sits lik some auld testament prophet,
Cairved o unbowsome Gallowa granite.
The remnant o a brave auld martial line –
When he's gane there'll be nae mair McGuffies.
Tam's nou transcended aa his civic pride,
Wha'd worn the Chain o Office in his time,
Dressed in his semmit he picks his winners,
The ae interest that he hus left these days.
He minds the past tho, this son o Wigtown,
That auld Dr Lilico delivert
Tae the warld, aamaist eichty year ago,
Hou he'd seen service back in Wurld War Twae,
Leavin Baldoon fir Egypt's sunny climes,
He gangs owre tae the big gless display case,
Takkin out a fouth o auld knick-knackets,
Souvenirs hained frae great titanic wars;
A curious luikin buird, cairved frae wuid,
That turns out tae be a cigarette box,
Giftit tae him bi some skeelie German
Fir a hauntle o cigs Tam hud gien him,
A maisterpiece o the toy makar's airt,
Then, a facsimile o a bible,
That his faither hud brocht hame frae Ypres,
Faushiont in mairble, taen frae the ruins,
O the cathedral that wis ding't tae bits.
Waarmin tae his theme he taks doun a plaque,

Pyntin out wi great familial pride,
His ain faither's 'Mention in Dispatches'
Wi the bold signature, 'Winston Churchill.'
Then, ben the lobby, the stirring account
O hou Uncle Louis won his VC,
At Piccadilly Fairm, nearhaund Ypres.

A photie o a taciturn young man
Stares doun, giein nae hint o whit it is
That gangs tae win a man that plain bronze cross
Emblazoned wi the legend 'For Valour.'
Ablow him a stairk white mairble heidstane –
'Killed, 4th o October, Nineteen Eichteen'
Barely a month afore the Armistice,
Saw peace descend alang the Western Front;
The news o his medal ne'er reacht him.
Stoically, Tam McGuffie sits back doun,
The craic retours tae sic mundane issues
As diabetes an the trials o age.
There's ae mair fecht fir the last McGuffie,
An aiblins Wigtown fowk will say o him;
'*Oh for the touch of the vanished hand,*
And the sound of the voice that is still.'*

---

*   *This quotation, from the poem 'Break, break' by Tennyson, is carved on the*
   headstone of Louis McGuffie in the First World War graveyard at Ypres.

The War Correspondents

Here in the oak beamed splendour of Bladnoch Distillery,
We are gathered to salute reluctant heroes;
The men, taken for granted, on TV screens,
Whose job it is to report upon wars.
Dodging bullets in a doorway in Grozny,
Or witnessing the repugnant beauty
Of shells bursting like stars over Kabul.
Men whose eyes have witnessed true horror;
The young man lying on a filthy mattress,
The impression his body has made,
Slowly filling to a literal 'bloodbath,'
Counting the bodies in an African morgue,
So that we may know just how many died,
Riding 'Scud Alley' from Jordan to Baghdad,
Days after Saddam's statue was torn down,
Seeing colleagues shot before your eyes.
The freelance journalists who trapeze
Without the aid of a safety net,
Or waving white flags in El Salvador,
(Sometimes they *didn't* shoot!)
Rubbishing the Fox news '*yellathon*'
Criticizing those armchair critics who –
'*Don't know their Hamas from their Hezbola!*'
Admitting, candidly, that '*Wars win prizes*'
But here in Wigtown they can relax;
'*It's great to celebrate books!*'
These unassuming men reminding us
That the cost of freedom is eternal vigilance,
Calm voices reassuring –
In a world gone mad.

The Kirk of Machutus

Here Machutus climbed wearily from his horse,
Drank thirstily from the holy well,
And doused his face in its life-giving waters.
He turned from the groves of ancient oaks,
And saw the rugged skyline;
Millfore, Lang Hill, Lamachan,
Meikle Millyea, Cairnharrow,
And dark brooding Cairnsmore.
Hills abounding with deer and game,
He saw the fish-filled sea,
The teeming rivers of trout and salmon,
Heard the song of birds echo
from every tree;
Trees filled with wild apples,
Berries, nuts and sloes.
This rough man, whom the people loved,
Loved for his loud tuneless singing of psalms,
And for his simple honesty.
He looked again, in awestruck wonder,
At the mountains, the sea, the earth and the sky
And declared: 'I shall build my church here'.
And here it has stood,
For more than a thousand years,
A welcome bield from the storms of life.
It witnessed the progress of saintly Queen Margaret,
The influence of good Sir Patrick Vans,
Interred there now in '*his ain aisle,*'
And Archibald Hamilton,
The '*Father of the Church,*'
And has withstood the cataclysmic shocks

Of history and time.
Today this sacred relic
Stands in ruins,
Overgrown, neglected, choked with weeds,
Masonry crumbling into elemental dust,
Abandoned behind its loathsome fence.
In a forgotten recess a rude stone cross,
Carved in a time now almost forgotten,
Seems to wait with infinite patience,
As though listening for the voice of Machutus.

Address o Beelzebub

Tae Dumfries Toon Cooncil

Ma greetins tae ye ane and all,
Oan this yer sixth buik festival.
Beg pardon fir this tardy letter,
But life in Hell could not be better;
While angels sign-oan up in Heiven,
Demons slave here twenty-four-seiven!
Today we're teachin Chechen rebels
Hou tae dance oan red-hot griddles!
Fir upwards o six thoosand year,
Wigtown hus aye, tae me, been dear;
Ah've mind, in auld King Galdus' day,
Ah taucht his Picts tae kill an slay,
Afore thon nyaff St Ninian came,
An pit an end tae oor savage game,
Him an his pious pal Machutus,
Gien hauf a chance they'd like tae shoot us,
Or ten times worse a fate, thon Jesus,
Gin he'd bin there wid hae *forgien us!*
But I digress, I write today,
Tae friens o mine in Galloway,
Wham ah admire, an praise is due,
Fir Dumfries Cooncil's godless crew,
Wha've gien me years o endless joy
Wi aa thair wicked, daftlike ploys,
Forgie me if ah sit an smirk,
Ower whit they've duin tae Wigtown kirk,
No the new yin (that's aye hauf fu,)
But the auld yin (that's a ruin nou)

An ecclesiastic maisterpiece
The experts agree – Ach! Gie's peace!
Nou Auschwitz, ah could unnerstaun,
Or thon place whaur they dropped the bomb,
The Yorkshire Moors ah micht include,
Or thon new place, cried 'Holyrood.'
While ither councils micht applaud
The sicht o auld kirks bein restored,
Ah'm prood tae say ma Dumfries friends
Oan ma behalf hae made amends
Fir aa thae 'Save oor Churches!' nutters,
Congregations wha daur tae mutter
'We can rebuild!' – they must be mad!
Tae fling guid money eftir bad?
Dumfries Cooncil hae much mair sense,
Investin money oan a fence!
That they've erectit roond the kirk,
And I for one applaud their wirk,
Can mair no follae whaur they lead?
An help ma hellish plans succeed?
Let's build a fence aroond St Paul's,
Or e'en Iona's holy walls,
Thon cave at Whithorn? Fence it aff!
An Quasimodo neednae laugh,
Frae his bell-ringing he'll retire,
When Notre-Dame's wrapped in barbwire!
St Bernadette we'll suin confound,
When Lourdes is labelled 'Out of bounds!'
Each holy well and far-flung shrine,
We'll fence thaim aff wi baler twine,
Nae maitter whit denomination,
Or faith or creed, whit'er the nation,

93

The end is nigh! – ye cannae win!
Dumfries Cooncil will pen ye in!
Ma evil visionary brithers,
Hap the world wi galvanised rivers,
Barriers, stockades an palins,
Gleamin fences, rusty railins,
Oh Dumfries Cooncil I salute ye,
Ma crafty de'ils, ah ne'er did dout ye!

An suin, in Hell, ah hope tae greet ye,
Ma demons cannae wait tae meet ye,
And ony reward ye care tae name,
Juist fill oot the '*Expenses Claim*!'
Nae mair ye'll scrimp wi puir resources,
Wi full command o ma daurk forces,
Juist think whit ills ye micht wreak then,
Upon the lives o foolish men.
Yer '*indefatigability*,'
Hus led yer nummer wan fan tae say,
Saddam an me will welcome ye here,
(George Bush is sendin him doon next year!)
But till that day keep up the wirk,
An see that thon auld shauchled kirk,
Crumbles and falls into decay,
A pile o shapeless, formless clay,
Vestigial trace o your misdeeds,
Wreathed wi bracken, nettles an weeds,
Yer praise ah'll sing mangst aa the shrubs,
Weel duin!

Signed, yours
Beelzebub   *Hell, 26 September, Anno Mundi 6004.*

The Book Shop

Shaun Bythell prowls (a cultured Minotaur!)
The Book Shop; his labyrinthine Gormenghast.
Down convoluted passageways, to vast
Chambers, where cached treasures overawe
All but the most hopelessly dyslexic.
Here shelves extend beyond the metric mile,
Bulging with booty for bibliophiles,
And those who crave that erudite magic,
That only the written word can provide.
A leather armchair somnolently yawns,
Let some delicious tome dispel careworn
Thought, relax by the fire, and peek inside;
'*Quod petis hic est*' a wise Roman said,
Shaun turns the page, and sagely nods his head.

The Book Cull

The Booktown is in festival,
An oasis of cultural enlightenment,
In the midst of this Gallovidian desert.
But what dark secrets lurk,
Behind this façade of civilization?
Let's pay a visit, see what happens,
To those poor books who fail to make the grade.
To the dark autumnal days
Of the Wigtown book cull!

Jim Vogler, a maniacal glint in his eye,
Corners *The Techniques of Urban Economic Analysis*
That whimpers pathetically beneath the chaise longue,
Brutally it's despatched as, ink dripping from his gory cleaver,
He goes on to butcher in quick succession,
Theoretical Hydrodynamics and *Studies in Combinatorics.*
In a charnel house room in the bowels of 'Web Books'
Ann Vogler has cornered *Oranges are not the only fruit*
Mercilessly, she kicks it to death.
In the garden of Byre Books, Laura Mustian
Hunts down poems by Milton, Arnold, Pope and Dryden,
Which have escaped into the organic vegetable patch.
The 'Belle Dame Sans Merci,' armed with her samurai sword,
Hacks them into iambic chunks.

In the Main Street the gutters are clogged,
With congealing masses of rotting carcasses;
The Admiralty Handbook of Wireless Telegraphy (1931 Edition),
Lectures on Jurisprudence, *Cases in Constitutional Law,*
The Story of Wallpaper – Its History, Design and Use,

A spineless, disembowelled copy of '*Gray's Anatomy*.'
Vainly a copy of '*War and Peace*' pitiably tries
To conceal itself behind the Market Cross,
Moi McCarty spots its helpless plight,
And bludgeons it to death with a soup ladle.

Meanwhile '282 *Ways of Making a Salad*'
And '*Diseases of the Nail*'
Make a last desperate bid for escape,
Only to find themselves at the feet
Of Angela 'The Axe' Everitt –
They are obscenely slaughtered.
'*Life Studies from The Royal College of Art*'
Is gleefully exterminated by Julie Houston, who
In a rare moment of inexplicable clemency,
Spares '*Modern Abstract Cubism in New York*.'

Night wears drearily on, and sinister trucks arrive,
Cadavers of dead books are clandestinely removed,
Making their way in a slow funereal procession
To some anonymous landfill site.
Unceremoniously the books are buried.

Next day an unwitting Samaritan,
Enters the threshold of Shaun Bythell's shop,
And donates a bag of '*Reader's Digest*' tomes,
Failing to interpret as she leaves,
The cruel enigma of his beatific smile.

The Daith o Thurot

Frae Carrickfergus the French squadron sailed;
Marshall Bellisle, La Blonde and *Terpsichore*
Led bi the great commander, bold Thurot.
In the teeth o a keen Sou'wester gale
They met the English foe nearhaund Luce Bay;
Eliot's *Aeolus, Pallas* and *Brilliant*
Bore the gree that day, his ships triumphant,
Stoupt doun lik falcons oan thair hapless prey,
An syne the Machars coast wis fylt wi daith.
Bodies o Frenchmen skailt alang the shore;
In full dress uniform they fun Thurot,
Happed in a velvet rug wi aa his graith.
The guid commander, wha'd bin leal an brave,
Rests at Kirkmaiden, in an unmarkt grave.

1849

Hou mony bade here in the Bot'ny Raw,
Thrang wi big sma faimilies o Irish fowk,
Wha'd left hungert fields wi nuthin tae howk,
Packt ten tae a room till they sailed awa
Frae the 'owld countrie,' seekin out new lives.
In Boston, Chicago, aiblins New York,
Patrick frae Monaghan, Michael frae Cork,
Micht see thair faimilies' fortunes be revived.
Sparkin their clogs alang the cobbled quay,
Steerage tickets claspt, they mount the gangway,
Board the steamer '*Countess of Galloway*'
Fir Liverpool, syne the '*Land o the Free.*'
As Pat spits, in the paiddles' churnin maw,
The room's let out aince mair in Bot'ny Raw.

Buik 1 Satire 8: The Tattie-Bogle

An auld graveyaird oan the Esquiline Hill is bein convertit bi
Maecenas intae some braw gairdens. Keppin a luik-oot owre the
gairdens is a wuiden statue o the vegetation god Priapus that hus a
muckle great crack in its dowp. The reason ahint this is made clear
at the end o Priapus's tale o his triumphant if unsocht fir revenge.

Aince ah wis the trunk o an auld fig tree, a uissless lump o wuid.
Then a jyner, wunnerin whether tae mak a binch or a Priapus,
ettled tae mak me intae a god. Sae god ah am, the terror o
    sneck-drawers
an burds aa-wheres. Briganers are pitten aff bi the weapon in
    ma haun
an alsae the red stake juttin groffly frae ma crutch.
The burds are a bluidy nichtmare, but the reeds stickin oot frae
    ma heid
frichts thaim aff an maks thaim haud awa frae ma bonnie brent
    new gairdens.

Lang syne, the corpses o slaves, cast oot o thair nerra cells,
wid be cairtit up here in chaep boxes, at some frein's expense.
It wis likeweys the common yirdin-groun o jakeys an doon an
    oots –
men lik 'Grab-aa' the sponger an thon waster Nomentanus.
A sign oan a pillar tell't aabody we hud aboot three hunnert
square yairds o groun, wi the legend:
THIS MONUMENT NO TAE DESCEND TAE ONY HERITORS.
But nou the Esquiline Hill's a soun an hail place
tae bide in; ye can daunder cantily alang bi the waa, whaur lately
ye hud the grim view o white banes scattert aa owre the groun.

Fir masel, houanevvir, ah'm nae sae worriet or feart o the
    briganers
an wild beasts that are forevvir hingin aboot the place
as bi thon eildritch hags wha are a leevin plague oan the souls
    o men,
wi thair glamors an potions. Ah cannae get rid o thaim nae
    maitter whit,
or e'en pit a stop tae thaim gaitherin thair banes an pushion't plants
when aince the daunderin muin hus reveal her loe'some face.
Wi ma ain een ah saw Canidia walkin barefuit, her black mantle
tuckt up unner her, her hair aa stickin oot lik a whin buss,
screichin wi her auld pal Sagana; thair faces made aa the mair
    awfy
bi thair daithly pallor. They scrapit awa the yird wi thair nails.
Then, takkin a puir wee black lambie, they set aboot tearin it
    intae nips
wi thair teeth, lettin its bluid dreep intae a trench, frae whaur
    they ettled
tae summon up the speirits o the deid tae answer thair queer
    speirins.

Thare wis alsae a wee woollen doll, an anither ane o wax – the
    woollen ane
wis bigger as the wax ane, sae as tae owregang the wee ane.
    The puir wee ane
stuid wi a luik o utter dreid oan its face as if expeckin
a puir slave's daith at ony meenit. Yin o thaim caa'd oan Hecate,
the ither oan cruel Tisiphone. Ye could mak oot snakes an
    hell-hounds
rinnin free as ye like, the puir muin wis that taen wi the shame,
    that she joukt
ahint some heich tombstanes tae hide her een frae sic horrors.

Gif'n a single wird o this is untrue may ma heid be slittert white
wi the shite o craws, an may Julius, thon dyke Miss Pediatius,
an Voranus, the thief o aa, come an pish an crap aa owre me.
There's nae need tae tell, is there? – hou the ghaists screicht
an moan't as they answert Sagana's speirin o thaim, hou the twa
    witches
cannily buriet a wolf's beard alang wi the fang
o a spottit snake, hou the flames roart up as thair
wax eemage meltit, an hou ah wrocht ma revenge fir haein
tae beir witness in horror tae aa that thae twa ill-daein Furies
    hud said an duin?
Wi a suddent 'Bang!' lik a clap o thunner, ah let oot wi sic a fart
    that split
ma puir wuiden erse in twa; the hags lowpit up in terror an ran
    aff pelly-mell taeward the toun; Canidia e'en drapt her false
    wallies, an thon daft wig fell straicht aff
o Sagana's heid, herbs an enchauntit love-knots rained doon frae
    thair airms.
Gif only ye'd hae seen it! Ye'd hae cheer't, an roart, an gret wi
    lauchter!

Buik 1 Satire 1: The Rat Race

Why are men aa sae disjaskit at thair joabs? Mibbes they're
jalousin they'd raither be daein sumthin else. Yet if gien the
chaunce tae change they'd maist like knock it back. They say they
juist pit up wi thair work so's they can pit a wee bittie by fir thair
retirement. But sic men aften work oan e'en when thair pension's
aa made up. Bi l40 this disjaskit feelin is directly coupelt tae the
greed o gowd. In the main bit (l41–107), Horace cracks wi a
ticht-fistit miser wha pits furrit sindry airguments in defence o
greed. Then the openin theme retours in modified form: 'As a
result o jeelous greed few fowk can say they've hud a happy life.'

Hou come, Maecenas, that naebody is happy wi thair lot –
nae maitter gif they'd chosen thair career fir thaimsels, or it hud
only happent bi chance – sae they're aa jeelous o ither fowk's
    joabs?
'It's aa richt fir thae entrepreneurs!' says the sodger,
forjeskit wi the years an worn duin wi servin his kintra.
The entrepreneur, wi his ship row-chowin in the teeth o a strang
Sou-westerly, screichs oot 'E'en sodgerin maun be better than this!
Wan chairge, an in a meenit it's aa owre, daith or glory!'
The lawyer thinks the fairmer's better aff, especially whan some
briganer comes chappin his door in the wee sma oors.
The puir auld briganer, taen fae the sticks an hault
afore the beak at the heich coort, sweirs that city fowks hus goat
    it made.
Tae quote aa the ither examples ah could gie ye wid tax e'en
that auld blawbag Fabius.
But let's cut tae the chase! Here's whit ah'm sayin:
supposin God wis tae say 'Richt ma mannie! Here ah am.
Ah'll grant ye aa yer weeshes.

You that wis greetin aboot bein the sodger wull nou be the
    entrepreneur;
you that wis murnin aboot bein a lawyer wull nou be the fairmer,
    OK?
Aa swap roond an aff yese go. Whit are yese waitin oan?'
They'd aa knock him back in a meenit,
e'en tho they wir gettin thair hert's desire.

God wid tine his reason aathegither,
tear oot his hair bi the ruits, an richtly sweir
'That's it! Tae Hell wi the bluidy loat o ye's! Stick aa yer prayers
    up yer arse.'

Ach, we shouldnae lauch aboot it – it's no some jokin maitter –
but then, if it's the truth we're spaikin, whit hairm tae hae a bit
    lauch?
A haunfae o sweeties an some fun wull aye mak the weans

stick in aa the better at thair ABC's, wull it no?
Aa jokin aside but, nou settle doon, let's get serious fir a meenit.
Thon fairmer, wi his tractor an pleuch, delvin the sile,
thon crookit baurman, thon sodger, thae sailors, bravin aa the
     elements
o the seeven seas, aa o thaim endurin a life o sair darg,
sae that when they're auld
they'll hae a bit pension tae retire oan, and can rest easy.
The same wey thon wee ant that they're aye measuirin up tae
trails aathing he can wi his mou tae add tae the bit pile that he's
     biggin,
heavin awa tae store something awa fir the future.
Then, when the year's wheel turns drearily roond tae Winter,
the ant nevvir sets his fuit oot o his door,
but leeves unco blithely oan whit he hus gaithert.
But you – Winter's cauld nor Simmer's heat
can divert you frae yer money grubbin weys; fire, tempest,
     sword –
nuthin staunis in yer wey, nae chiel is mair bienlike nor yersel.
Whit's the pynt in haein sic a haip o gowd an siller that it maks ye
sae timorsome ye've tae gang an howk a hole in some field an
     bury it aa?
Ye think: 'Gif ah touch a penny o this ah'll suin be doon tae ma
     last bawbee!'
Gif ye dinnae brek in oan it then whit's the pynt hivvin it?
Supposin yer mill hus thresht a hunner-thoosan bushels o corn,
it disnae mean that yer waim'll haud ony mair nor mine.
Gif ye were hankelt up in a chain-gang an happent tae be the yin
     cairryin
the piece-bag oan yer achin shooders, ye widnae get ony mair
     tae eat
than the fellah hankelt next tae ye wha cairriet nocht.

Gif ye leeve within Natur's leemits, whit maitter gif ye hae a
    hunner or a thoosan acres unner the pleuch?
Och ay, ah hear ye – 'It's guid tho, tae peel the sponduliks aff o a
    big fat wad!'
But if we draw the same amount frae oor wee pile,
then whit maks your big granzies better nor oor wee male-kists?
It's like gin ye were needin a gless o watter, an ye said,
'Ah'd suiner draw it fae this big river than frae that piddlin wee
    sheuch,
e'en though the nummer's juist the same!' Am ah no richt?
That's hou fowk wha like mair nor thair fair shares
gets swep awa, bankin an aa, bi the ragin spate o the Aufidus,
the chiel that juist taks whit he needs, disnae end up drawin
watter that's clarty wi glaur, nor dis he get droondit in the fluid.
Thare's mony fowks enticed bi desires that evvir an oan begowk
    thaim.
'Nuthin's eneuch,' they say. 'Ye're only worth whit ye've goat in
    yer haun.'
Whit can ye dae wi a man lik that? Ye micht as weel tell him tae
    gae oan
bein miserable, since he enjoys bein a miserable scunner.
He's lik thon rich Athenian miser wha luikt doon his neb at whit
    puir fowk hud tae say,
'Ay, they aa sneer at me,' he'd say, 'but ah aye hae the last lauch,
when ah gae hame at nicht tae keek in ma cash boax!'
Tantalus drouthilie strains at the watter lappin roond his mou –
Ye're lauchin! 'Cept fir the name you an him's taurred wi the
    same brush.
Scrapin yer siller-secks thegither ye faa asleep oan tap o thaim,
wi yer tongue hingin oot. Objects sae sacred ye daurnae evvir
    open thaim,
gie ye as much pleesuir than gif paintit oan canvas.

Dae ye no ken whit gowd is fir? Whit pleesuirs it can gie?
Ye can ging oot fur breid an veg, hauf a litre o wine,
an aa the ither needccessities that we cannae dae wi'oot.
Or mibbes ye prefer tae lie waukin at nicht, hauf deid wi fricht,
spendin yer days an nichts in dreid o briganers or fire – e'en yer
    ain workers
wha ye think micht rip ye aff an piss aff wi aa yer loot?

Fir masel? Ah think ah could dae withoot thae blessins!

But then, ye say, whit if ye catcht the cauld,
Or some ither malady that lays ye up in yer bed, ye send fir
    somebody
tae sit wi ye, runnin wi hot-toddys or send fir the doactir,
wha'll then come an get ye back oan yer feet,
return ye tae the bosom o yer faimily.
Dinnae you believe it. Yer wife an son'd baith love tae see ye aff!
Friens an neighbours, young or auld, they aa hate ye.
Money! Ye made that yer God, nae wunner naebody
gies a toss aboot ye. Whit huv ye duin tae deserve love or respeck?
Or tak yer relatives, mind you, ye cannae aye pick thaim richt
    eneuch,
but if ye ettled tae haud oan tae their affections
it'd be as daft as ettlin tae train a Donkey
tae answer tae the bit an expec him tae win the National.
Sae let's pit some leemit tae this greed fir gowd. As yer walth
    growes
sae yer dree o puirtith diminishes, an wance ye've goat aa that
    ye need
ye shuld begin tae wind things doon a bit. Else ye'll end up
lik auld Ummidius. Ah ken, ah ken, but hear me oot, it'll no
    tak lang:

107

ACCENT O THE MIND

this Ummidius wis sae rich that he didnae coont his money,
he weighed it! An he wis that steengy his claes an body wir aye
    bowfin!
An yet tae his deein day he wis conveenced he wid
end up in the puirs-hoose. At the feenish he wis murdert wi
    an aix,
swung bi a hure he'd wis in tow wi, frae Clytemnestra's
    kenspecle clan!

Whit dae ye want me tae dae?
Leeve lik they twa wasters Naevius an Nomentanus, an blaw the
    bluidy loat?

Ah, noo ye're comparin things that are different
aathegethir. When ah'm tellin ye no tae be a miser
ah'm no sayin ye should juist gang straicht oot an pish it up the
    waa insteid.
Thare's stages atween the timorous moose an the michty lion,
    ye ken.
Things are aa set oot in proportion. Thare's leemits tae aathing;
gif'n ye step ayont thaim, aither side, then ye'll still no be richt.
Tae get back tae ma pynt: must evriwan, because o greed,
be at odds wi hissel, an jeelous o aa thae fowk in the ither joabs;
wastin awa because his neebour's goat produces mair milk than his;
an insteid o comparin hissel wi the thoosans worse aff,
he struggles tae ootdae first that yin syne the next? Houevvir fast
    he rins
he'll aye fin yin that's a wee bit richer in front o him;
lik thae chariot teams at the Colosseum when they lowp fae the
    stalls,
each driver pressin lik mad oan the man that's aheid o him,
blinly ignorin thaim ahint him that faas back wi the lave.

Sae it is that we haurdly fin a man wha can verily say
he hus leeved a truly happy life, an wha, when his nummer
    comes up,
blithely lea's the warld lik the dinner guest wha's cantily etten his
    fair share.

Ah think ah've said eneuch. Ah'd hate ye tae think that ah'd
    herriet
the works o thon auld bluid-shot Crispinus, sae ah'll no say nae
    mair!

Buik 1 Satire 2: Houghmagandie

*The satire explores the notion that in tryin tae avoid ae moral
faut fuils juist end up daein the exac' opposite (l. 24). Frae line 28
oan aa the examples are o a sexual kind, an it becomes clear that
the main theme is folly as opposed tae guid sense in oor sexual
ongauns. This is maist likely the earliest o the satires, an certies
the bawdiest. Nane o the English commentators prents mair nor
the first 28 lines. Alexander Pope screivit a glegsome imitation
caa'd 'Sober Advice from Horace'!*

The federated female flute players union, pedlars o quack
    meidicines,
hailie sorners, lap dancers, comedians an aa that loat, are owrecome
wi grief at the daith o Tigellius, that weel kent coamic singer –
a furthie true-heartit worthy an sadly lamentit frien. This miser-
    able bugger
owre here houanevvir, fir fear o bein caa'd a spendrif, wid refuse
an auld crony the price o a cup o tea or e'en a bit heat at the fire.
Gif an ye ask anither, left a fortune bi his auld man,
why he's blawin it aa oan heich leevin an stowin his guts,
reivin the shelves o Marks & Sparks fir aa kin o growthie scran
wi money he's mooched, he'll tell ye he disnae waant label't as a
ticht-fistit grippy miser. Some think he's great! Ithers ca him an
    arsehole.

Fufidius, wi mair laund an money than he kens whit tae dae wi,
hates bein label't a baw-heidit waster, or gettin taen a len o.
He chairges 50 per cent a week oan the money he's lent, an hounds
aa the puir buggers tae daith that owes him a single penny.
He taks IOUs fae daft young laddies wha dinnae ken better,
thinkin they ken it aa an brekkin their mither's an faither's hearts.

Aa thaim wha thinks they ken him say, 'My God!
ye'd nevvir ken tae luik at him whit he's worth.' Yet ye winnae
  believe
hou hard he is oan hissel.
Thon fellah in that play that Terence wrote,
the yin wha turfs his boy oot the hoose an's torchirt wi guilt
  aboot it,
e'en he's less o a masochist than Fufidius.

Noo, gin onybody speirs, 'Whit am ah gettin at here?' ah'll tell him.
In haudin wide o yin faut, ye'll likely faa intae anither.
Thon Maltinus minces aboot lik a big shirtlifter,
whiles anither frames his macho intentions in his ticht jeans,
that chancer Rufillus reeks o eftirshave, Gargonius stinks lik an
  auld goat.
Thare's nae middle wey. Thare's some wullnae touch
a wummin unless she's as pure as the Well o Spa, ithers prefer
thae hard faced hures wi faces ye could split sticks wi.
Ootside the massage parlour yae nicht, when this big celeb
  comes oot –
Cato, nou he's some boy, eh? He shouts 'Keep up the guid work
  ma man!'
Then adds, 'Gin a young fellah's baws are burstin fir a tuimmin
then he's richt tae frequent that sort o place. At least that
wey he's no shaggin some ither fellah's wife'.
'Ah hope ye dinnae think ah'm lik that,'
Cupiennius says. (He likes his manto in thair schuil uniforms!)

Listen tae me, you boys wha love seein two-timers caught wi
thair pants doon, ye's dinnae ken hou hard it is fir thae boys.
They cannae win, their pleesuir spiled wi the chaunces they tak,
  e'en gif they

dae get awa wi it, oaften as no, it's no
    worth the risks they tak.
Wan boy ah ken hud tae jump aff a ruif,
    wan goat kickt tae daith;
yin wha wis rinnin awa goat jumpt bi a
    bunch o neds,
anither peyed oot a fortune tae shut
    some grass up,
wan endit up buggert bi some druggy
    psychos; there wis even yin
wha goat his tackle (baws an prick an
    aa) chappit aff wi a sword!
'Perfeckly legal!' said the feck o the
    fowk. Galba didnae agree.

Is it really safer cruisin the singles' baurs fir the fuitloose an
    fancy-free?
Sallust, noo he's crazy aboot thaim,
juist as ithers are fir the mairriet yins. Noo, if Sallust hud the sense
he wis born wi, an fine weel he can afford it (an be better thocht
    o fir it),
he could easily pey fir some lassie's services
an avoid aa the hassle he gets. But he smugly pats hissel oan the
    back
an craws: 'Ye nevvir see me wi a mairriet wummin.'
He's juist lik Marseus, Miss Newcome's boyfrien, wha brocht hame
a lap-dancer ae nicht an introduced her tae his faimily – he
    boldly statit:
'Ah'd nevvir hiv ocht tae dae wi anither man's wife.'
Whit a neck, eh? But he'll go wi hures an strippers
wha'll rob him blin an rype his pooches. Ye'd think he'd hae

mair sense, he jouks ony adultery but fails tae avoid the wan thing
that really maitters regairdless o aa – yer ain self respeck!
Gin ye drag yer faimily's guid name through the glaur, dis it maitter
whether yer pairtner's a mairriet wumman or a twenty quid hooker?

Villius wha, thanks tae his girlfrien, Joy, wis Sulla's son-in-law,
goat taen in bi some heich-class crumpet. He suffert fir it
tho – goat an awfy kickin, wis whackt wi a sword, an hud
the door slam't in his face whilst Longarenus wis upstairs wi her.
Imagine him, faced wi aa this, then hearin the voice o his cock
sayin: 'Whit are ye daein? It disnae maitter
tae a staunin cock whethir yer bit manto's descendit fae
a michty consul, or deckt oot lik a lady?'
An Villius would say: 'But dae ye no ken wha her faither is!?'
Big deal! Juist follow Natur's advice an ye'll no gae wrang.
Much mair sensible. She hus riches tae gie,
gin ye hae the sense tae see it, an dinnae taigle up the halesome
wi the hairmfu. It disnae maitter, dis it, whether
the trouble's yer ain faut, or ayont yer control? Stop
chasin mairriet wemen, else ye'll regret it. Ye may fin
the price ye've tae pey ootweighs ony pleesuirs ye get.
She micht be deckt oot in geegaws lik the Queen o Sheba,
but that'll no gie her a straichter a leg than Cerinthus boasts o.
An whiles the twenty quid hooker can bate thaim aa.
She disnae disguise whit she's sellin, ye can aye
see whit's oan oaffir; she'll show aff aa her guid pynts,
but she'll no hide her bad pynts either.
Thon Arab sheikhs hae a guid trick; when buyin a horse they fling
a blanket owre its heid, fir fear they micht get taen in, sae that
thair een gets drawn awa fae ony defect,
an begowkit bi its finer pynts, its sma heid an its heich neck.
Ay, they're no sae daft. Ye should ne'er judge the finer

features unner a microscope, then be as blin as Hypsaea
tae its glarin fauts. 'Whit airms! Whit legs!' Then finnin oot
she's ill-contriven, ill-natur'd an ill-faured.

Mairriet weemin dinnae mak it obvious tae ye tho. They like tae
kid oan thay're respectable like – unless she's a Catia, O coorse.
If ye waant forbidden fruit that's hidden ahint a waa (an that's
hauf the attraction bi the wey) ye'll aye fin thare's snags, be it
her pee-heein workmates, her pals 'juist drappin in' –
troosers an taps ye cannae lowsen – a hunner an wan things
stoppin ye fae gettin yer hauns oan the guids.
Noo, wi yer hure there's nae problem. She's bi ordnar
hauf-naukit fir a stairt, sae nae chance o her hidin somethin –
baundy legs, plug face... ye can aye check her oot.
Or aiblins ye'd raither get taen in, an be fleeced
o yer money afore ye get a chance tae check the guids oot?

The poets sing o the hunter
trackin the maukin throu deep snaw; then when he sees it
lyin thase, he disnae touch it. It's the thrill o the chase, he says:
'Same wi love; it rins past whit's ready tae haun, an eftir flees awa.'
Dinnae think sic crambo-clink wull dae ye ony guid tho,
get rid o the tapsalteerie dirdum in yer hert.
Wid it no be better tae ask whit leemits Natur pits
oan oor desires, whit haurdships she can thole, whit will gie her
pain, sae we can sort oot the fause fae the real?
When ye've a drouth lik an Arab saundshoe, dae ye insist oan
a gowden tassie tae drink frae? Gif ye're stairvin dae ye turn up
        yer neb
at aa but steak an lobster? When ye've a taffee-haimmer
in yer troosers an a young rent boy or hooker is near-haun,
an can hae either, wull ye juist shoot yer load in yer breeks?

No me! Ah like houghmagandie when'er ah waant it, nane o yer
'No the nou,' or 'Ah waant mair money,' or 'When ma man's awa.'
It's lik Philodemus says, thae kind are aa richt fir the Gauls; he likes
the yins that ur no unco dear, an come straicht aff when bidden.
Mind you, she should aye be a trig an sonsie craitur tho, weel
    turnt oot,
though ye dinnae waant her tae owerdae things either.
When a wummin slips her left side unner ma richt,
be she the Lady Ilia or the Coontess Egeria; ah can caa her whit
    ah please.
Nae fear when ah'm oan the joab that her man'll appear,
smash the door in, dugs barkin, pandemonium aa roun,
shoutin, screichin; the puir lassie, white wi shock, lowpin oot
o her bed, the fancyman yellin his heid aff, aabody in terror,
the guilty mistress fir the ruif owre her heid, me fir ma life,
rinnin barefuit an hauf-naukit fae the hoose, else
ma cash or ma arse, or ma guid name hud had it.
Ay, it's tough gettin caught boys; e'en Fabius wid gie me that!

Buik 1 Satire 3: 'Tae see oorsels...'.

*The openin lines describe aa sorts o cat-wittit behaviour shawn
bi Tigellius the Sardinian. Then, eftir a wee short transitional
passage (20–24), Horace gangs oan tae deal wi fowk's lack o bin
able tae thole ither fowk's social habits an ongauns. They threip
oan aboot thair frien's fauts an follies whiles remainin blin tae
thair ain. Sic harshness is inconsistent an juist plain isnae fair.
In the saicon main section (76–118) Horace muivs oan frae
frienship tae society oan the hail. His airgument nou is 'Aabody is
prone tae dae wrang, sae let's ettle tae be fair in oor punish-
ments.' This priggin fir a fair sense o proportion an a rational
scale o penalties is direckit at the doctrinaire Stoics wha haudit
that aa sins wir equally culpable.*

*The satire feenishes wi a scene whaurin the auld Stoic
preacher's left frienless eftir makkin a bauchle o hissel.*

Singers aa hae the same faut. Gif'n ye ask thaim tae sing
at a pairty then they act aa shy; when naebody's asked thaim tae
    sing ava
then they ne'er shutup! Tigellius the Sardinian wis that type o man.
If Caesar, wha could hae ordert him tae if he'd waantit, juist
requestit a sang, oan acoont o hissel an his faither bein Tig's
auld cronies, he'd a bin wastin his bluidy braith. Yet, when the
    mood taen Tig
he'd hae sung aa bluidy nicht, 'Willie brew'd a peck o maut,'
in evri key in the buik, ceptin fir the back-door yin.
He wis the maist contrair man ah've evvir met. Geyan oaften he wis
as paranoid as get oot; ither times, lik Juno, ye'd hae thocht butter
widnae melt in his mooth. Aft times he spent his money lik watter,
else he could be tichter than a hen's face. Yae meenit blawin an
    name-drappin

aboot aa his big-shot pals, then mindin, blearie-een't, his puirtith
 youth;
'Juist gie me ma auld piece-bag, twa slice oan cheese, an ma auld
 dunky jaicket
tae keep oot the cauld.' Yet gie this 'simple sowl' twenty grand an
it wid hae burnt a hole in his poackit in less than jeeg tim.
A richt pairty animal the Tig! He wis ne'er ken't tae be in his bed
 afore daylicht,
an then he snor't aa day. He wis the maist contradictory craitur
 that e'er leeved.
Noo, ye may weel ask 'An whit aboot you?
hae *you* nae fauts?'
Och aye! O coorse, but no the same, an no near sae serious.
Wance, when Maenius wis pee-heein aboot Newman, somebody
 said
'Hey! Wait a meenit, tak a guid look at yersel Maenius, d'ye
 think that
we divnae ken ye?' Oh ah'm *conscious* o aa ma ain fauts richt
 enow',
says the bold Maenius, 'But ah've nae *conscience*!'
The smart-arsed big baw-heid, he'll get his come-uppance yin o
 these days.

Afore lookin at yer ain fauts ye aye slype oan yer rose-tintit glesses,
but when it comes tae leukin owre aa yer friens fauts an follies
then yer sicht is as shairp as an eagle's or an Epidaurian snake's.
The bad news is that the tables get turnt when they examine *you*.
Suppose thare's some daft young teuchter wha disnae ken hou tae
dress when he's oot in company; we'd aa tak a rise oot o him, wi his
yokel's haircut, his ill-fittin claes, his big ham feet
wi shoon-lik boats. An yet, he's the vera examplar o a guid lad,
nane better, *an* he's yer frien, *an* he's a bricht lad o pairts

fir aa his uncouth weys. Mibbes ye better gie yersel a shak,
the faut mibbes lies wi yersel, plantit thare bi Nature, or nurtured
bi yer ain bad habits. Fir, keep mind, wance ye negleck a field
gorse can tak a grup that yae day micht need tae be burnt oot.

Think insteid o hou a young chiel, fairly blin't wi love,
fails tae see his lassie's fauts, or e'en, contrairiwise, fins the same
    fauts
beguilin, juist lik Balbinus did wi the bile oan Hagna's nose.
Ah weesh we could dae the same thing when judgin aa *oor* friens,
gif only oor moral language hud a term tae heeze up sic graund
    delusions.
Gif a frien hus some faut, we shouldnae shy awa frae him
but ettle tae act lik a faither tae him. Gif the boy hus skelly een,
then his faither caa's him 'Castor'; gif he's a shilpit wee bauchle,
as wis the case wi Sisyphus the dwarf, then they caa'd him 'Shorty';
gif his knees knockt thegaithir he's 'Hen-taes'; gif his baundy legs
can haurdly haud him up, his faither wull shout 'Bowly'. Ach,
    ah'm bein
flippant tho, gif wan o yer friens is ticht-fistit, we'll caa him
    thrifty;
gif anither hus nae tact, an is a richt lood-mooth – weel, he waants
his friens tae think he's sociable; or supposin that he's juist
pig-ignorant an ill-mou'd, let's caa him fearless an forthricht.
Is he a birsie argy-bargyin type? Then we'll say he's aye keen.
Crack the PC terminology code, an ye'll ne'er lack fir friens.

In fact, in reality, we turn the real guid qualities aa tapsalteerie
in oor zeal tae mak dirty a clean jaur. If we ken somebody
wha's a daicent up-staunin lad, mibbes aye a wee bitty slow,
we'll caa him a glaikit big dreep; while yin wha's a bit smairter,

an ne'er gies ocht awa aboot hissel (because, quite richtly,
life's a battle whaur envy is shairp, an slanders aye flee
thick an fast) insteid o sayin he's a mensefu an
wicelik chiel, we say he's a crafty, sleekit, twa-faced bugger.
If somebody's a bit o an extrovert (an ah widnae mind in the least
gif'n ye thocht oan *me* lik that, Maecenas), aye brekkin in wi some
daft havers when his frien's readin quately or juist thinking tae
    hissel,
then we say 'Is that no bluidy ignorant!' When it comes tae *oorsels*
houanevvir, hou easy-osie *then* dae we enforce the law! Fir not
    wan o us
is free o fauts; the best we kin hope fir is tae hae thaim in sma buik.
A guid frien wull weicht ma virtues against aa ma fauts, an
gif he waants tae keep ma friendship, he'll come doon oan the side
o the virtues bein faur mair numerous (e'en if they're no!).
Oan that self-same principle he'll be weichtit in the vera same
    scales.
Gif'n ye expect yer frien tae pit up wi aa yer plooks,
then ye'll forgie aa his warts. It's only fair gif ye ask a body
tae accept your fauts that you should dae the same fir thaim.
Since anger, an aa thae ither fauts that are sae deeply ruited
in human folly, cannae be sneddit oot aathegither,
then why dis Reason no pit in some weichts an measuirs o her ain
tae ettle tae mak the punishment fit the crime?
Supposin some flunky, telt tae remove a dish, then hus a fly lick
at the hauf-etten fish oan it? Gif his maister hingit him fir it
sane fowk aa owre wid sweir he wis as mad an bad as Labeo.
Hou much graver an madder a faut is *this* then: a frien o yours
commits some fouterie wee offence ye should richtly ignore, (if ye
dinnae waant tae luik daft that is); yet ye cannae get it oot o yer
    heid,

ye dodge him lik wan o Ruso the moneylender's debtors, the type
wha's aye tryin tae scrape up the interest oan his debt afore the
first o the month comes roond, else he's tae come oot wi his
    hauns up
an listen tae Ruso giein him 'Chapter an verse' aboot it.
Or whit if a frien, wha's fou, pishes the couch yae nicht or
    knocks owre
a favourite ornament that's bin in the faimily since auld
    Evander's day?
Or then agane, say he's hungert an grab's a bit chicken off o ma
    plate,
wid ah think ony the less o him fir it. Whit wid ah dae gif the
    same yin
stole aff me, or went back oan his wurd, or broke some promise
    he'd gien?
Thaim wha'd say they're aa guilty regairdless o the crime are
    flummoxed
when faced wi real situations. Common sense wid tell ye they wir
    innocent,
sae wid Expediency, the virtual mither o aa justice an fairness.

When leevin craiturs first sprauchlt fae the earth in lang syne,
they wir dumfounert ugsome beasts, fechtin owre caves an acorns
wi thair nieves an nails, an then wi mells, an sae oan
aye thinkin oan mair fearsome wappens tae clout thair neebours wi,
till then they discovert nouns an verbs that gied a meanin
tae thair glaikit screichs an yelps. Thareineftir they avoidit wars,
an biggit touns, an passed laws that made it a crime
fir onybody tae be a brigander, reiver, or fornicator.
Fir fair Helen wisnae the first bitch tae cause a war bi her laithlie
    ongauns,
tho the *men* wha dee'd in thae wars haes maistly aa bin
    forgotten aboot;

ruttin an mowin lik beasts o the field, til they wir duin in
bi some bigger bruit, as happens wi buls in herds aftimes.
If yer e'er willin tae chauve yer wey throu the warld's history
ye'll hae tae admit that justice arose fae fear o hae'n nae justice.
Natur cannae tell richt fae wrang as easy as she picks oot whit
she dis an disnae like, whit's halesome or whit's hairmfu.
Reason alane cannae pruiv that the man wha sneaks in an snecks
yin o yer prize cabbages frae yer gairden an the thief in the nicht
wha rins aff wi the crown jewels are committin the same offence.
Let's hae a fair scale o penalties fir aa offences, else ye micht
gie oot a hunner lashes whaur twa o the strap wid dae.
Oan the ither haun, ye micht gie the tawse whaur the lash is
    caa'd fir,
but the thing that ah'm feart aboot, when ye say theft's oan a par
wi GBH, is that ye threaten tae use the same heuk
tae sned evri crime, large an sma alike –
gif ye hud the croon oan yer heid an the pouer tae dae it.
But whit if the wise man in chairge o aathing,
is weel-faured an bienlike, an a guid soutar, an's alsae the king,
in fact the perfit all-roonder, then whit mair dae we need?
'You dinnae unnerstaun whit the
guid Chrysippus is gettin at,' he says, 'the wise man hus ne'er made
hissel shuin or baffies, but the wise man's aye still an oan a soutar.'
Hou's that?
'Well e'en when he's quate, Hermogenes is still a first rate chanter
an composer; thon smairt fellah Alfenus, e'en eftir throwin oot
aa the tools o his trade an shuttin up shop,
wis still a soutar; in the same wey yer wyce man alane
kens aathing, an is maister o aa crafts, an is hence a king.'
Weel, thon ill-mou'd young neds
wid pu yer vera beard aff, an gif'n ye dinnae fend thaim aff wi a
    stick

then fir aa your fine talk they wid ding ye doon, while ye're left,
puir deil, sair begrutten an howlin, o hiechmaist o Royal Highnesses!

Sae, no tae labour ma pynt, whilst ye stramp aff oan yer kingly wey
tae a tenpenny bath an no a single sowl in sicht tae help ye,
ceptin fir thon daftie Crispinus, ma friens wull forgie me aa *ma*
    fauts
gif, as ye say, *'cause ah'm ah fool'*, a gang sometimes a-daein
    wrang.
Ah in turn wull gladly owreleuk aa *thair* fauts an follies, an tho,
    as ye
say, ah'm o common stock, ma life wull be a loat happier as yer
    Majesty's.

Buik 1 Satire 9: 'Chancer'

Hou Horace, oot daunderin ae mornin, rins intae some chancer
wha claims tae 'ken his faither', an's ettlin fur Horace tae gie him a
knock-doon tae Maecenas. The account is aiblins based oan a rael-
life incident, but the character hus nae kenspeckle features that mak
him staun oot, an attempts tae name him hae pruived howpless.

Ah wis daunderin alang Sacred Way, gaun owre in ma heid
some daft bit o haivers, as ah aften dae, an fairly taen up wi it,
when this chancer, wha ah kent only bi name, comes up
an grups me bi the haun.
'Hullaw, auld china!' he says, 'Hou're ye gettin oan?'
'Juist fine,' says ah. 'Weel, ah'll mibbes see ye then!'
But ah could see he wisnae tae
be pit aff, sae ah gets in first: 'Wis there somethin ye wir eftir,
    frien?'
'Ay,' says he, 'ye should get tae ken me. Ah'm an intellectual,
    ectually.'
'Guid fir you!' says ah.
Desperately ah ettled tae get awa frae him.
Ah stairtit walkin, but duis the bold chancer no baur ma wey.
Ah whispert in ma servant's lug, a cauld sweit rinnin doon ma back.
Peyin nae heed, the chancer rattles oan; dae ye ken this place?
Dae ye ken that place?
gaun throu the hale A-Z o Rome! 'Nou keep the heid!' ah says
    tae masel.
'Ah Bolanus, hou ah envy thon het-heidit temper o yours!'
He jaloused ah wis takkin nae notice; 'You're gey keen tae be
    aff!' he says

'Ye needna try an kid me oan. It's nae uisse tho; thare's nae
    escape!
ah'll stick tae ye lik glue whaur'er ye gang!'
'Nae need tae tak ye oot yer wey,' ah says.
'Ah'm juist gaun tae veesit an auld frien – wha ye dinnae ken –
he's gey ill in bed, awa across the Tiber, nearhaun Caesar's
    Gairdens.'
'Ah've nuthin better tae dae,' he says, 'an ah'm fit as a flea.
Ah'll juist tag alang wi ye.'

Ma lugs drappin lik a thrawn donkey gien
oure heavy a load fir his back. Oor frien went oan,
'Gif ah'm ony judge o maitters
ye'll fin ma freinship's as guid as that o Viscus an Varius.
Thare's naebody ye can name wha can write as much verse as masel,
nor in sae short a time eithers! Ah'm the brawest dancer in toon,
an e'en Hermogenes wid kill tae hae a voice lik mine!'
This wis ma chance: 'Hae ye nae hame tae gae tae?
Dis yer mither no ken that ye're oot?'
'Naw, thare's naebody at hame, ah've buriet thaim aa!'
Lucky fir thaim! Ah thocht, that only lea's me. Juist feenish me
    aff tae!
A weird doom cam back intae ma heid, that an auld Sabine
    spae-wife
hud telt me when ah wis a boy. Shakin her urn this wis whit she
    chauntit:
'Nae deidlie pushion or traicherous blade wull dae him in;
Nae pechin lungs or kirkyaird-hoast nor pally-fittitness;
His wierd wull be – that the causey-clash wull wear him oot;
Lat him jouk aa sic clishmaclavers when he's grown tae manheid!'

When we goat tae Vesta's temple it wis weel ayont nine – the time
he telt me he wis tae mak a coort appearance; gin he didnae
he wid loss his case. 'Dae us a favour auld frien,' he speirs.
'Could ye no staun as a character witness fir me, eh?'
'My god! naw!' ah says. 'Ah could ne'er manage
tae staun up in coort. Ah huvnae a clue aboot legal ongauns,
and ah'm in a hurry? An ah've aareadies telt ye whit ah'm daein.'
'Och, ah cannae mak up ma mind,' he says.
'Dae ah gie up ma case? Or dae ah gie up oan you?'
'Oh, mak it me, *please!*' ah insistit. 'Nevvir!' he says, 'Ah widnae
    hear sic a thing! Ah doot it'll hae tae be ma case that gaes!'
    an he boldly steps
oot in front o me. Ah ken when ah'm bate, sae ah follow't oan.
'Hou dae ye get oan wi Maecenas?' he speirt,
'He's a fine judge o character is he no? An aye picks his friens
    richt cannily.
He's ridden his luck tae the vera tap, fir choir. Nou, if ye wid
    only gie
me a knock-doon tae the big man, ah'd dae aa athing in ma pouer
tae help ye oot. We'd mak some team, eh? Me an yersel?'

'Ye've goat the wrang idea o hou we cairry-oan up thare,' ah says.
'Thare's naethin faurer awa frae your kindae malversit ongauns.
It disnae boathir me that sae an sae's mair weel read
or better aff as masel. We've aa got wir ain position tae uphaud.'
'Awa! Ye're kiddin!' he says, 'That's fantastic! Ah can haurdly
    believe it!'
'Ah'm telling ye, it's the god's honest truith!'

'Weel, that juist maks me aa the keener tae get acquent wi the
    great man!'
'Nae boathir!' ah says. 'Juist mak a weesh! – A man lik yersel
    wull juist blaw
him awa. He's that easy taen in, he juist maks oo tae be a bit o a
    cauld fish.'
'Ye'll no fin me the waantin.
Ah'll bribe aa his servants; an e'en if the day they baur the door
    oan me
ah'll juist bide ma time, hide in his coal bunker, ambush him in
    the street
an tak him hame! – '*Only wi haurd wirk can ye howp tae bear
    the gree!*'
In the middle o this performance
wha should appear but ma auld frien Aristius Fuscus, wha kent
this chancer fu weel. We stopt. 'Hullaw,' he says. 'Whaur are ye
    goin?'
Ah telt him the score an rugged at his sleeve, squeezin his airm
    (it turnt blue!)
noddin ma heid lik a daftie, an winkin at him – 'Get me oot o here!'
But the big man wis enjoyin the tear, an left me tae stew.
Ma bluid wis bilin: "Ah'm shair thair wis some urgent private
    maitter that ye
waantit tae discuss, wis thair no?' ah hintit.
'Ye're richt!' he says, 'But it'll haud tae a day when ye're nae sae
    thrang.
Onywey, it's the Sabbath, the day; ye dinnae want tae upset the
    Jews?'
'Och, ah'm no the religious type,' ah replies, weakly.
'Oh but ah am!' says the bold Fuscus. 'Ah've no your strang
    convictions!

Juist a puir sinner. Ah'm sorry, Horace,
    ah'll tell ye next time ah see ye.'
Ah weesht fir
the groun tae open an swallae me up.
    The big bugger rins awa
an lea's me tae twist i the wuin.
    Suddentlike, the chancer's rival
frae his coort-case appears oan the scene.
    'Whaur the hell dae ye think
ye're gaun? Ya crook!' he roars. Then tae
    me: 'Will you act as a witness,
    buddy?' '*Ah'm yer man!*' ah says. He
    then huckles the chancer aff intae the
coort. Thair wir cheers aa roond, fowk cam rinnin aa airts.

An that, ma friens, is hou Apollo rescued yours truly.

General Poems: Part Two

'A Scottish Prejudice...'*

In ma bairntid, i' the primary schuil,
Ah coudnae thole arithmetic lessons;
Fractions, lang diveesions an gaes-in-taes.
Thair *'Language Laboratory'* left me cauld,
Aye trailin ahint twa, three smairt lassies,
Wha aye struck gowd when ah wis left wi bronze.
In a scunner ah wid longingly gaze
Oot the windae at promised Summer hills,
Cled in trees tae be clomb, burns tae be swum.
But aye an oan ah'd sit there in a dwam,
When Mrs MacSween wove magical spells,
Anent Scotia's fecht fir independence;
Hou the bold Douglas sclimb't up Embra's crags,
An ding't the hale English garrison doun,
Hou the Bruce oan a fleet hielant powny
Cleavẹd rash de Bohun's prood helm in twa,
An William Wallace, brave-heartit Wallace!
Each gory detail o his obscene daith
Wis etched upon our young an fertile minds;
The noble heid, pykt atour London Bridge,
His airms displayed at Berwick an the Tyne,
The legs, hung out lik butcher's bluidy jynts,
At Aiberdeen an Perth, abune the ports,
Fir rattans, hoodie craws an laithsome mauchs
Tae swall thair kytes an feast thairsels upon.
The kindae mundane horror weans enjoy!
Nou mair as thirty year syne ah sit here,

ACCENT O THE MIND

O 'Blin Harry' i' ma haun,
the notes o some auld Scots divine,
Jamieson, quotin frae Andrew de Wyntown;
'A thousand thre hundyr and the fyft yhere
Eftyr the byrth of oure Lord dere,
Schyre Jhon of Menteth in tha days
Tuk in Glasgw Williame Walays,
And send hym in-til Ingland swne,
Thare wes he quartaryd and wndwne
Be despyte and hat inwy:
Thare he tholyd this martyry.'

Micht thon auld teacher wryly smile tae ken,
The boys she tocht hae aa nou grown Scots men,
An thon keen prejudice whilk kennled Burns
Whilk she sae glegly instillt intae us,
Strivin tae mak siccar, lest we forget,
Still floods *our* veins, an *nevvir* will abate.

---

* In his famous autobiographical letter to John Moore, Scotland's National Poet
    Robert Burns, described his recognition of his feelings for Scotland: '... the story
    of William Wallace poured a Scottish prejudice in my veins which will boil along
    there till the flood-gates of life shut in eternal rest.'*

The Song Has Died On Your Lips

The song has died on your lips,
Those voluptuous bothy-ballad lips
That sang through your wild years.
The wine-stained, slurred-named
Wild young years of your youth.
How far-off and distant now they seem.

The song is dead and almost forgotten,
Like some haunting melody
Flowing down tiled tenement stairs,
Of jostling bars and pints of Tartan ale,
Of swimming visions before your eyes.
Unsmiling now, you hide beneath the stars.

The song you learned on your father's knee,
The skipping, laughing childish song
Half-remembered, like a waking dream.
Dripping, sodden raincoat walks
Beneath waterfront cranes – in dying docks,
Captured in timeless monochrome.

The song; buried deep within your heart,
That each breath strains to keep alive,
The dying flame of disinherited ages,
Soft murmured lullabies of a mother's hopes,
That were dashed on the shores of cruel dark rocks;
That slumbers still, and softly rages.

Pastoral

for Rachel

Rachel's piano practice at Newmains;
I never hear a solitary note,
But picture her hands on black and white keys,
Cocooned behind the whitewashed farmhouse stone,
Playing Grade Two scales and arpeggios,
While I survey the dreaming horizon,
From the car's cold, soulless interior.
A symphony of grey cloud drifts across
The furrowed brow of distant Queensberry,
Brooding like some despondent Beethoven
Frowning down upon his lowly neighbours;
The troughs and crests of Southern Upland peaks.
A dark quartet of hills hem Durisdeer,
While, solemnly, crows croak a tuneless dirge,
Conjuring ancient diabolic scenes.
From a far-off copse of deciduous trees
A Cuckoo's diatonic echo rings,
Chaffinches chorus from a neat hedgerow.
On grey welsh slates a wagtail beats out time,
The baton of its tail a metronome,
Driving the swift passage of the seasons.
Skylarks ascend in a lively scherzo,
Singing their hymns of praise in sacred skies.
In a dark recess of ivy clad stone
A wren frenetically bobs and weaves,
A flurry of fieldfares stridently flocks,
Winging to secret rowan-berried haunts.

A bright eyed robin on a pine fence post,
Head angled obliquely, warily peers
At his Mephistophelean nemesis;
A farmyard cat, curled like a *dal segno*.
On overhead wires the late swallows throng,
In a line of demi-semi-quavers,
Awaiting some autumnal glissando
To waft them on their way to foreign climes.
Drystone dykes, in a languid legato,
Undulate lazily across the fields,
Then fade in a visual *ral entando*.
The practice over, Rachel re-appears,
Doesn't speak, just turns the radio on.

Wi Manson at Lochthorn

The poetry readins wir stale an twee,
Wifies spoutin oan about 'Waashin socks',
Alfred Noyes' '*Highwayman*' clippety-clops,
Fir whit seemed interminable miles tae me,
Till auld John Manson rose oan tae his feet,
Wi Cernuda's wirk, raw, bitter an sad,
'*Cemeterio de la ciudad,*'
It wrung yer heart till ye thocht ye micht greet.
Inspired ah read thaim twa 'Mining Sonnets,'
An *they* didnae miss thaim an hit the waa!
'*The langwij!*' yin tutted, an nudged her frien,
(Weel, that's the caird mark't wi ma name oan it!)
But ah saw the firmness in Manson's jaw,
An the flies that kennled up in his een.

Urgent Text

VLD + EST

HPE U GT THS
GNG 2 B L8
DNT W8 FR ME
WL EXPLN L8R

YR M8

GDT

Clitheroe

for GS

Bounding jauntily up the steps he goes,
Pausing at the door, making sure she's there.
Assuming an apologetic air,
Cringingly approaches his virago,
Her half-moon glasses glitter, all hope dims,
Abjectly he returns the tainted book.
'Tha's late again, tha knows!' she darts a look,
Peering triumphantly over her rims.
'Sorry' he whispers, then humbly requests,
That obscure tome his dying aunt desires,
Her look visibly softens, then expires;
'Top shelf again!' she says, 'I might have guessed!'
She mounts the steps, he smiles, as up they go
The fittest pair of legs in Clitheroe.

Haikus inspired by
'The Morris Dancing Bill'

Following a letter in The Daily Telegraph, *(from Simon Palmer, Portland, Dorset) which stated: 'Leave Fox-Hunting alone. Ban morris dancing... please.'*

It cannot go on;
The unnatural cruelty
Of morris dancing!

The Commons this week
Re-affirmed its commitment,
To ban all dancing.

In this day and age
The act of morris dancing
Is pure barbarism.

The video showed
morris dancers torn apart,
In gory detail.

For generations
My fathers have morris danced
Through these hills and dales.

I am proud to say
I marched today, in support
Of morris dancing.

It was our duty
To rid the civilised world
Of morris dancing!

Where morris dancers
Are still a genuine threat
Hunts may still take place.

With sticks raised aloft
England's morris dancing men
Roared their defiance.

It's them damned townies!
They think they can come down here
And stop our dancing!

Out of our proud past
The ghosts of old morris men
March with us today.

These men seem to think
They can dance across our fields
Whenever they please.

My livelihood's gone –
Tomorrow all these balloons
Will have to be burst.

morris dancers said;
The Rural Economy
Itself was at risk.

A landmark judgement;
One more nail in the coffin
Of morris dancing.

Old morris dancers
Will look back upon this vote
As their darkest hour!

'*All morris dancing
Is a matter of conscience*,'
Commented the prince.

Accordionists,
It's them I feels sorry for;
They'll all be put down!

We Regret tae Inform Ye...

Save me fae aa thon clevvir poetry,
Scunnersome, skeelie stuff that maks nae sense,
Composed bi fowk ye'd think wid hae the mense,
Tae rise abuin sic humdrum coquetry!
Wha taen the chisel tae Pandora's hasp,
Pushion't the Pierian Spring wi their gaffe.
Whaur's aa the simple stuff that made us laugh?
Or made the profound pynt we aa could grasp?
Tho ah'm no guiltless, let me mak it plain;
Ah've aftimes unfurled thae flags owre the world,
A world that could be whirlt, thirlt, tirlt or birlt –
Ah promise no tae uise that rhyme again!
Ach, Fate wull aye conspire tae mak us trip,
Whlt uiss in greetin owre rejcetion slips!

A Sense o Purpose

Cumnock in the rain.
A ticht wee faimily unit,
Mither, faither, an the wean.
Puir fowk, ye could tell bi thair claes,
An bi whit they cairriet;
Her wi her '*Iceland*' cairrier bags,
Whilst he, inexplicably,
Hud a fowr tier black ash Hi-Fi shelf
Slung carelessly owre his shooder.
The wean, skipt tentlessly atween thaim,
Then briefly stopt, an turnt aroond.
It mindit me o sumthin ah wance read,
Aboot some fossilised hominid fuitsteps,
The earliest known record we hae o man;
A ticht wee faimily unit,
Crossin some immense salt-pan,
A million year ago.
The wean's curious fuitsteps,
Mibbes tae see hou faur they'd cam,
Hud alsae briefly stopt an turnt,
Whilst the adults ploddit determinedly oan.
An here they wir nou, ah thocht,
Still gemmlie mairchin.

Better Things

A leaflet cam wi ma pey-line the day
Wi the oaffir o a personal loan
The Bank o Scotland an whit they could dae
Tae enhance the appearance o ma home
Bi tackin oan a conservatory
Or mibbes some equally uissless thing
A Bio-weapons laboratory
A conference centre in the East wing
Ah'll admit that the auld ancestral seat
Is lik a Gulag in Siberia
But they'd gie me the cash if ah could meet
Their stringent financial criteria
They said they subscribed tae the bankin code
Ah thocht tae masel, 'Whit ur these fowk oan?'
They oaffirt tae help me lichten the load
'A deceesion in moonits owre the phone'
Wi their 'Special rates', that wir 'Juist fir me'
'Afford the bigger, better things in life!'
Ye'd think that we hudnae the cen tae see
That debt fir puir Scottish fowk hus run rife
Thare must shairly be better things bi faur
Than these sops haunt oot tae the workin man
Third rate holidays an saicont haun caurs
The debts dinnae fade as quick as yer tan
Maist months ah'm skint but ye'll no hear me moan
Ah paused tae reflect bi the wheelie-bin
The best things in life urnae bocht wi loans
Ah scruncht up the leaflet, an flang it in.

Civilization

Whan vizzyin the *Sunday Times* ah read,
Anent thon treacherous oangauns in Rome,
Culled fae Antistius's ancient tome,
Hou in Pompeii's Portico Caesar bled.
Whilst in the pages o the *Sunday Mail*,
The brutal slayin o Billy McPhee,
In the Brewer's Fayre lounge fir aa tae see,
Wis an equally lurid bluidy tale.
Foretelt bi some 'Ides o Mairch' witchery?
(Coincidentally stabbed twenty three times!)
We'd haurdly seek nou sic celestial signs,
Or blame sic superstitious quackery.
The victims o evil machinations –
Hail, the advance o civilization!

Some Haiku oan Natural Philosophy

Big Bang
Gaun oan, Doactir Zarg,
They're aa wrang, press the button,
Gaun oan, ah daur ye.

Newton's Law of Gravity
He wis the first man,
Tae discover that aipples,
Can nevvir faa up.

E=MC²
Tae simplify it,
He could change aa they licht bulbs,
Afore they went oot.

Space Travel
Due tae urgent work,
Oan aa Interstellar routes,
Expect lang delays.

A Brief History o Time
It's this Time Machine,
Ye said it wis guaranteed,
Tae last fir evvir.

Gerry Cambridge

Gerry! Whit's this? Anither rejection?
Every wan o ma chicks? Strangled at birth?
Recall JK Rowling's disaffection?
Repent ye Editors! (*Nou* whit's she worth?)
Ye say there is '*Nuthin quite richt fir us!*'
C'moan, did they no mak ye laugh? Think? Smile?
Ah'm no pleadin 'Print them aa!' let's discuss
Mibbes even wan frae ma meagre pile!
Burns, bound fir Jamaica, near caad it quits
Rescued! Through Editorial vision!
I'm no sayin ah'm fit tae lace his buits!
Dinnae write me aff though, wi derision.
Gerry, hae ye mind *your* first time in print?
Eyes doun! Ma frien, *hae anither wee squint!*

Blues fir Harold Shipman

They aa should hae kent aboot it, ah mean,
They kent he'd bin pauchlin the Pethidine,
An daith certificates? He'd a passion!
Fill't oot lik *they* wir gaun oot o fashion.
The news wis richt, an evil wee mannie,
Chappin the door o yer puir auld granny,
'Little pig, little pig, can I come in?'
'Oh it's you Dr. Shipman, juist come in.'
An probably made him a cup o tea,
The last Nambarrie that *they'd* evvir see,
The puir auld buggers, they hudnae a clue,
As Harold drew the curtains at 'Seaview.'
In Coort his selective amnesia,
When questioned aboot euthanasia,
Caused the learned judge oan the bench tae froun,
Afore grimly announcing, *'Take him doun!'*
Harold drew him a luik, as if tae say,
'Yer Honour, ah think ah could cure you tae!'
The real tragedy's aa they fowk in pain,
Wha ur desperate tae get tae their lang hame,
The Lawlords gie an apathetic shrug,
An wullnae allow thaim tae pu the plug,
In twa or three year will it be a crime?
The wee man wis juist aheid o his time,
An *this* is the really disturbin bit,
Mibbes there's *mair* gettin awa wi it!
Harold regrets his choice o vocation,
Ponders with wicked equivocation,
'The Doactirs' profession wisnae fir me –
The heid yins at Railtrack goat aff Scot-free!'

Ane Tale o Alchemy

fir Paulo Coelho

The boy in it wis luikin fir sumthin
Fir nuthin,
Sae, in wan respect, he wis a kind
O Evriman.
He went hauf wey round the world,
An goat hissel intae some awfy scrapes,
Luikin fir it.
Delvin intae maitters that he'd a bin
Better keepin his nose out o.
He met a wheen o characters though,
Whilst he wis oan the road,
An, lik the rest o us,
He'd tae learn common sense
The hard wey.
Then, et the feenish up, he foun out that
Whit he'd bin luikin fir
Hud bin richt unner his nose
Aa the time!
Imagine that, eh?
It wis whit ye micht caa
An ins-pi-ra-tion-al story!
(Utter nonsense richt enow,
But when aa's said an duin,
Whit's wrang wi that,
If it's a guid story?)
Ah wis that inspired
That ah went straicht doun tae the Spar,
An bocht masel a Lucky Dip!
There must be a bit o the Alchemist
About me tae.

Somerfield Checkoot Coonter #2

Harrassed, the lassie frowned,
An shouted oan the Supervisor,
'*Ah weesh they'd mark them mair clearly,*
Hou much is this Chardonnay, Wilma?
Is this the yin that's oan oaffir?'
The wummin ahint me stared,
Then the big fellah appeared;
Ruggedly handsome,
Wi his bunches o flooers,
Justifiably embarrassed.
'*If that's aa ye've got,*' she said,
'*Jist tak thaim tae the Basket Coonter,*'
Then added, cheekily,
'*Onywey, ye're too late!*
Valentine's Day wis yestirday!'
The big fellah wis oan form though,
His face lit up, an pu in a flooer,
Haun't it tae her;
'*Hen, when ye stey wi me,*
Every day's Valentine's Day!'
An, claspin his tulips,
He cantily mairched out the door.
Clutchin her prize,
She paused,
Briefly,
An gazed,
Wistfully,
Eftir him.

Crown Inn, Sanquhar

Ennui descends in the Crown Inn, Sanquhar,
Noticing minutiae you've never seen;
'Consumption by persons under eighteen,'
'Dorchester cigarettes contain low tar.'
Every whisky is the finest whisky,
The Smirnoff vodka is Triple Distilled,
Whilst whisky from Ireland is all Bush-milled,
And 'Britain's tastiest snacks are crispy!'
Ten Regal will cost you two-twenty-two,
Eldorado wine is pure and supreme,
The Barley of Stewarts is still the Cream,
Celebrate one hundred years of 'Irn-Bru'
A paradox, where such riches are sold,
And a pound will buy you a glass of gold.

Diffugere Nives (Horace, Odes 4.7)

eftir AE Houseman

Snell Winter's snaws are fled, leaves oan the shaws
Hing, buskit braw; wi gress the meedie's thrang.
The roarin spate in dowie linn grows caum;
As saisons turn, the yird bestirs hersel.

The nymphs an Graces three, nae langer feart,
Daunce naukit throu the wuidland's saicret groves.
Swift wing the hours, the towmond in its prime
Souchs in yer lug 'Howp nae tae bide fir aye.'

Thowe follaes cranreuch; pressin haurd oan Ware
The Simmer, doomed tae dee, fir in ahint
Wins Hairst, his aipples skailt abreid the yird;
Then, Winter aince agane, whan naething steirs.

Whit maitter that the saisons gang agley,
The waxin muin wull bigg thaim up agane;
While we, whaur Tullus an whaur Ancus ligg
Wi guid Aeneas, we are dust an dreams.

Torquatus, gif the gods in heivin suid steik
The morrae tae the day, whit tung hus telt?
Tak whit ye can, fir aince ye've hud yer fill,
Nae gruppie heir can tak it back agane.

Whan thou gangs doun at last the shades amang,
An Minos' steive assizes weichts ye up,
Nae faur-kent kin, nor glegly-gabbit tung,
Nor douce-like weys wull serve tae bring ye back.

The nicht in hauds Hippolytus, guid an true,
Diana cannae lowse him, he maun bide;
Tho Theseus strains, daurk Lethe thirls Pirithous,
E'en comrades luve can ne'er win us awa.

Whit's This Ye're Writin?

Thare's nane cares nou anent the makar's daurg,
Leastweys, no round about here onywey.
Tho Parnassus' brae micht be stieve an stey,
Ye wunner gif the sclimb is wirth the tyauve.
Sisyphus, trauchlin wi his chuckie stane,
Wis thirlt tae the task bi crabbit gods,
The same yins wha thocht up the Lotto odds,
Damnin me an Sis tae ettle agane.
Thae kettle-bilers wha juist pynt an jeer,
Aiblins *they* could be richt! Gif thon's the case,
As the blaud stares blankly back in yer face,
Stap yer ears! Ye'll nae want tae hear thaim speir;
'Whit's aa this daft joukerie-pawkerie?
 There's mair tae life than screivin poetry!'

Accent o the Mind

Whan Jamie Stewart taen the road doun South,
Scots bunnet-lairds, wha sat in Pairlament,
Wis tauntit fir their barbarous accent;
While nou it seems they've aa bools in their mooth!
Time southers aa, we're back in Holyrood,
We'll talk whit wey it pleases best oorsels,
Thenk God, we've *'nae mair Stewarts left tae sell,'*
But still the southrons like tae stoke auld feuds;
Thon Speaker, wha's hijacked their 'Nicky-Tams,'
Westmeenster, wi its 'yah-boo' politicks,
Lets 'Hooray Henrys' heckle 'Gorbals Mick.'
The 'Mither o aa Pairlaments'? A sham!
They've ne'er jaloused in mair's fowr hunner years,
Whit maitters maist is whit's atween yer ears!

Notes on poems

'Biggin' and 'Dumfounert wi Wunner' were both runner-up prize winners in the 2003 and 2004 Glasgow University/*Herald* newspaper McCash Poetry Competition. Both poems have appeared in *The Herald*.

'Cormilligan': A 'Sonnet Redouble' celebrating the life and times of William McCaw

Many years ago a book was recommended to me, by a venerable local worthy who knew I was interested in local history. This book was written by a 19th century polymath James Shaw, who was village schoolmaster in the tiny hamlet of Tynron, Dumfriesshire, in the mid to late 1800s. The book was called *A Country Schoolmaster*. It was a fabulous insight into the late Victorian mindset, and also contained a wealth of local history, topography and folklore. One of the chapters which especially enthralled me was entitled 'A visit to the herd's house', this was the first time I had heard of William McCaw.

The charm of this chapter made me resolve to visit this place, which really *is* in the middle of nowhere! Following further research, map-reading etc., I set off on a fine sunny day on my quest. Walking for several miles into the hills I eventually found the old abandoned farmhouse of Cormilligan. The house is in a derelict and rundown state, open to the elements and sadly neglected. Its situation, however, really is something to behold, an atmosphere of utter peace permeates the air and you can see forever! The biggest surprise however awaited me on entering the house. There to my utter astonishment were name after name after name, written or scrawled all over the inside gable end wall of the house.

As I read, it quickly became apparent that these names had been written there by the actual living descendants of William McCaw, many, it seemed, now living in New Zealand. These descendants had returned, like the migrating salmon, to the land of their fore-fathers. Intrigued, I was resolved to find out more about this story, and the more I found out the more resolved I became that I should write some fitting poetic work to commemorate this unique, beautiful and spiritual place.

The project lay in the recesses of my mind for several years before I finally got round to getting something down on paper. In 2002 I started the project. I accessed the New Zealand telephone directory via the Internet and looked for some names of McCaws in the Wellington area whom I thought might correspond with some of the names written on the walls at Cormilligan. The name Stuart McCaw looked like a good bet, I rang it up. Bingo! Yes, this Stuart McCaw was the great-grandson of William McCaw of Cormilligan. A corre-spondence began; the family in New Zealand now numbers several hundreds, they are still a very close-knit family and meet regularly for 'clan' gatherings.

Stuart and his wife Jan, and their uncle, Bob McCaw, e-mailed me many fascinating articles from the family's written archive, most of which was written by the original William McCaw. It records in detail his life, family events and history, and his mind-boggling decision to move the whole family lock stock and barrel to start a new life in New Zealand in 1880, when he himself was aged sixty!

In my further investigations of the McCaw family and their New Zealand descendants I was introduced to Mary Joy Stewart, a great-granddaughter of William McCaw. Mary has written and published a Masters Degree thesis, entitled *Notes from New Zealand: A Window into a Settler Mind*, which was submitted to the University of Otago, Dunedin, New Zealand. Mary has presented me with a copy of her thesis and we went on a joint visit to Cormilligan in 2005 when I was filming and making a recording of the Cormilligan son-nets there. Mary's knowledge, enthusiasm and loyalty to her Scottish roots was a great inspirational spur for my own dabblings into her family history!

I decided to attempt a Sonnet Redouble on this worthy subject – fifteen poems in all – telling the epic tale of William McCaw's life as a herd in Scotland, some family history and fascinating stories; the ship's journey to New Zealand, his eight grandsons who died during the First World War, daily working life on a 19th century farm, etc.

The poems were completed around 13 September 2002, almost 122 years to the day that William McCaw set foot in New Zealand, and after some final editing were e-mailed to the McCaw family in New Zealand. On 28 October 2002 the poems were read at the 100th birthday celebrations of Dorothy McCaw, who is daughter-in-law to the original William McCaw of Cormilligan.

The following articles taken from the family's archive will give some insight into this remarkable man's life, and his unique place in the diaspora that occurred in Lowland Scotland during the nineteenth century.

William McCaw: A Biography Read on the 50th Anniversary of his Marriage, 5 January 1849

I was born at Cormilligan, near Tynron, Dumfriesshire, Scotland, on the 10th day of September, 1818. My father, Robert McCaw, was then shepherd of that place, having succeeded his father, Robert McCaw, who died in 1806, having been there from 1780. In 1820 my father died, leaving a widow and three children, of whom I am the second, being one year and five months old at the time of my father's death. Out of respect for my father and sympathy for the widow she was favoured to remain in the benefit (home), and a young man was engaged at a small wage (£10 a year), to take charge of the sheep. My mother was a God-fearing woman, and when her children came forward she used to withdraw with them to the 'other room' and there engaged in all the parts of family worship. In winter it was cold and fireless, and we did not care for it very much. Children, and sometimes those who are not children, do not always know what is working for their good.

My first school was at Glenmanna, at a shepherd's house, who kept a teacher during winter for his own family and others convenient who could attend. Here I spent two or three winters and was lodged with my maternal grandfather, one of the finest old men I have ever known. I never attended the Tynron Parish School, then taught by Robert Newall. The school books were the Bible, Shorter Catechism, Scott's Collection and Gray's Arithmetic. There was a Latin class, but there were neither English, Grammar, Geography nor History classes, then, in the school.

In 1832 my mother married the shepherd, William Armstrong. In accordance with previous agreement, I suppose, a short while after the marriage the 'Ha' Bible' was brought and placed upon Armstrong's knee. There was not a word spoken, but he quietly took up the position of Head of the Family, and there was no more of the cold room worship.

In 1833 I went to my first service as Herd-boy at Crawford Moor. In 1836 I got a full Shepherd's charge at Blackstone, Glencairn.

In 1837 my stepfather died, leaving my mother a widow a second time; and again, with three children of the marriage, curiously enough the second of whom was born on my birthday. I was then a lad in my 19th year, and was judged to be qualified for the vacant charge, and so went home to my mother to act the part to my step-father's children that he had done for a time for me.

In 1844 I was ordained to the Office of the Eldership in the Reformed Presbyterian Congregation, Penpont, so that I have held that office for 54 years.

On the 5 January 1849, I was married to Isabella Todd, daughter of John Todd and Marion Lorimer, of Auchenbenzie, Penpont. In the first 21 years of our married life 13 children were born to us, two of whom died in infancy; and one, a little girl four years old, was called away, a call that so wounded the feelings that, with a very gentle person, bleeds even yet. Ten have been spared to us, all grown to manhood and womanhood—most of them heads of families themselves; and of none of them, as yet, have we any cause to be ashamed.

I must say a word more about the Todd family. John Todd and Marion Lorimer were pious people. John was a very genial man, and an Elder in the UP Congregation at Burnhead, Penpont. They had a large family (six sons and five daughters) and of the eleven my wife is the ninth. All of them are now dead save my wife and a brother. It will not be out of place, and it may be of interest to mention how we were brought together. In the providence of God we met at the bedside of a dying woman. This woman had been under religious impressions in her youth, but unfortunate in her associations. She had nothing in her home and friends to nourish religious life. She was now face to face with death, and in a horror of great darkness. I spoke to her, but she could not or would not open her mind in the presence of unsympathetic friends, it was borne in upon my mind that this was the case, and I advised that they should retire to rest, as I was sure they required it, and said that we would watch during the night and call them if there was any change. When they were all gone she opened her mind freely, and said she was afraid her soul was lost. I endeavoured to direct her to Christ, and engaged in prayer. All of a sudden the light broke in upon her mind. What the words were I do not know, but there was light to the mind and peace to the conscience, and she raised herself up with a strength I did not think she possessed and threw her arms around my neck, saying 'Thank you, dear brother; thank you, dear brother.' Then she said: 'Now, will you turn me?' We turned her to the other side; she breathed calmly for about 15 minutes, and then breathed no more. It was the kindly attention at that time to this dying woman that drew my thoughts to her who was to be my wife.

In 1880 the farm I had shepherded so long passed into other hands, and, judging me too old for the charge (as I was told) I got my liberty, and so had to leave a place where the family had been for 100 years, having been Shepherd myself for 43. What was best to do in the interests of the large family was a serious consideration and my thoughts were turned to New Zealand. So in about four months after we left Cormilligan we came to Glenore, on the 20th day of September. And here we are today in 1899. For those 50 years we have been climbing the hill together, wending our way amidst its joys and sorrows, but advised by our surroundings today that the day draws near when we will 'sleep together at the fit.' But we are not without hope that when the clay tabernacles are resting till the Resurrection the spirits will be singing with the Ransomed and the Ransomer.

Cormilligan

This place is so often mentioned in these pages that a short description of it will be interesting. Cormilligan is a small sheep farm in the NE of Dumfriesshire, Scotland, in the parish of Tynron and, as stated in an old Scottish ballad, is

'Surrounded wi' bent an' wi heather
Where, muircocks and plovers are rife.'

The farm encircles the headwaters of a small burn which, gathering its water from the surrounding hills, discharges them into the 'Shinnel,' then into the 'Scaur,' then into the 'Nith' and finally into Solway Firth near the town of Dumfries, having made a somewhat rapid descent of over 100ft in the twenty two miles of its course. In McCaw's day the farm was practically self-contained (probably is so still). A 'Kailyard' of about half an acre and a potato field of a couple of acres provided vegetables for man and beast; 60 hens, six pigs, and four milking cows supplied other necessary foods, while the 'Moss-hags' near at hand yielded sufficient peat fuel to keep the kitchen and 'ben-the-hoose' fires burning brightly. Meadow and bog-hay (spreat) cut by the scythe in its season gives the domestic animals ample winter-feed. All had to be won by manual labour in addition to the constant care of the sheep. There was no agricultural work done on the farm apart from the kailyard and the potato patch but a horse and cart were kept for hay harvest, leading in of peats and other miscellaneous works which served the requirements of Cormilligan and the adjoining farm at Kirkconnel. On Sundays the horse and cart are requisitioned to transport the Cormilligan family to church (Reformed Presbyterian), a distance of eight miles. Although isolated (its nearest neighbour is one and a half miles distant and out of sight), the inhabitants never felt lonely for in the home there is a large family of stirring boys and girls that kept ennui at the outer edge of the horizon. The nearest school was three miles distant and was presided over by James Shaw, a native of Barrhead, near Glasgow, an antiquarian, botanist, poet and the author of many contributions on scientific, political and religious subjects to the leading journals of the day, as well as being an accomplished scholar. Everyone of the McCaw family for longer or shorter periods came under his tuition to their advantage. In one of his articles to the *Dumfries and Galloway Standard*. About the year 1854, he wrote the following description of Cormilligan and its inhabitants:

A lovely afternoon was last Tuesday, inviting birds to sing, flowers to hold up their heads and sedentary men to walk. The sunshine was beating redly and fiercely upon the hills; not a breath of wind disturbed the air and the thin blue smoke of cottages went up by spiral wreaths to heaven. The larch was shedding its thin leaves, making our roadsides brown, in well protected dells a few trees were still holding out their green banners; the red rowans were withering on their stems. But all these ornaments of nature we had to leave behind after passing through the hamlet of Tynron-Kirk, past Bennan, Strathmilligan and Kirkconnel, with its site of an old Catholic chapel. Yet the trees loth to bid us goodbye and in sturdy rows from Strathmilligan to Kirkconnel kept up a goodly show on the left. At a gate locally called 'the liggat' we entered on the moor. Fitful patches of heather darkened it; fitful patches of russet ferns embrowned it and, here and there, its winding stream (Cormilligan Burn) reflected the light of day, but otherwise it was silent and desolate like a shipless sea. The regular or cart road, if so it can be called, to McCaw's house, now proceeds from the gate referred to before along she side of the burn. We chose, however, to take a pathway through the heather and over a small hill named 'The Bennan', which is a near rut. The trail is quite easily distinguished by day but it would be difficult to follow it by night except with the aid of a lantern. We now arrive at the Shepherd's Post Office which consists of a recess under a large stone which with half a dozen companions mark the summit of the hill. The neighbouring shepherd, when he gets a letter or newspaper from the postman for Cormilligan, hoists a tall pole with a cross head among the rocks and deposits the letter or packet beneath the stone. McCaw is then appraised of news as he can see the upraised pole from his doorstep. The shepherd's home is a one-storied slated whitewashed range with a porch. It consists of a 'but-and-ben' with a small closet bedroom between, a byre, a peat-house, a hen-house and a sow-house, all surrounded by a stock yard where in is stored, neatly thatched, the winter's provider for the cows and stirks. A stack of brackens (ferns) was piled beside the swine house. Around the house on the adjoining fields were very clear traces of the old-fashioned days when ploughing was done with two horses in a

line. The kailyard was surrounded by a strong stone dyke and one
could easily trace the parentage of it to the slatey trap of the district.
A few trees, mostly Scotch firs, hung out their branches, bent to
leeward, by the strong winds. Two small streams called 'Jock's
burn' and 'Marmunnick burn' run near the housing, junctioning,
at no great distance, with Cormilligan burn, the principal water-
course in the valley. The site of the house is 1000 feet above sea
level. The shepherd being out 'marking' sheep, we amused and
instructed ourselves with his library. It is like the library of none
of his class that ever we took stock of. A handsome copy of
Locke's 'Essay on the Understanding'; many presentation volumes
for Sabbath School labours, and a large percentage of theological
works rewarded our gaze. While we looked at the books his hos-
pitable better half piled on the fuel and many a dark-eyed little
cherub was quizzing us from every conceivable cranny and open-
ing for, in this respect McCaw's quiver is full of arrows! A stout lass
with a fine round Scotch face and regular features helped to pile
on the table the material for such a tea as promised to tax all the
active and latent powers of our digestive organs. After the shep-
herd entered we conversed on a great variety of topics from the
papers read at the Ethnological Section of the British Association
meeting in Dundee, to the late dog show at Thornhill. Our host
displayed neither fanaticism nor indifference but made moderate,
well-balanced cautious remarks. The evening ended as we retired
to rest in the beautiful rite of family worship. Next morning we
were up early to have a view from Cormilligan Bale (the highest
point on the farm). We could not have had a finer morning. The
Stewartry (Kirkcudbrightshire) from North to South seemed stretch-
ing away from our feet. The homesteads of Connerick, Benbuie
and Glenjaun were lighting their kitchen fires beneath us. A white
smoke was rising from Moniaive (six miles away). Little glimpses
of lochs like half-opened eyes were afforded us. Then came the
gathering of the sheep for 'marking' in which the wonderful use
and sagacity of a well-trained dog displayed itself. The sun broke

out warm and brisk, making streams and their pebbly channels glisten and the very faces of the white sheep shine with a deeper innocence. As we stooped down to drink from the prodigal cup of the crystal burn, we almost broke the Tenth Commandment from secret envy of a shepherd's life, but the feeling was drowned one far deeper as we heard ourselves murmuring:-

'Thy works still shine with splendour bright
As on Creation's earliest day;
Angels are gladdened with the sight.
Though fathom it no angel may.'

Our visit to the shepherd will live long in memory.

In another article on the parish of Tynron, Mr Shaw writes:

The principal tributary of the River Shinnell is Cormilligan burn. Far up in a side strath of that name lives a shepherd theologian. William McCaw, whose little work on the 'Evidence of Christianity' has reached a new edition. His house (the house of his birth) is lonely as a Pharos and all around is as destitute of smoke and cock-crowing as prophetic Peden once declared the half of Scotland would be. The shepherd sees his 'hirsel' (flock of sheep) but no house save his own throws a shadow upon it. Here, from amidst heather and 'spret' he has gathered a garland for the temple of truth. Like most others, we have wondered at the circumstances in which the book was produced. As if to compensate the shepherd for the plain, cheerless prospect from his door there is a view from the hill which is almost unsurpassed in Scotland. Cormilligan Bale is the name of several hills surrounding his house. On a clear day the whole extent of the Stewartry of Kirkcudbright can be seen while beneath your feet, the villages of Moniaive, Dunscore and Durisdeer are perceptible and, with the aid of a glass, part of the 'Queen of the South' herself (Dumfries) can be seen.

Inscription on family gravestone; Tynron Church, Dumfriesshire:

> In memory of Robert McCaw, who died at Cormilligan 14th
> February, 1820, aged 32 years. Also of his grandchildren, Agnes,
> an infant who died 7th October 1860, and Sarah who died in the
> 4th year of her age, 29th December 1868. Daughters of William
> McCaw, Shepherd, Cormilligan. Also the above William McCaw
> who died at Bell's Neuk, Milton, Otago, New Zealand, 6th April
> 1902, in his 84th year. Also Isabella Todd, his wife, who died at
> Bell's Neuk, Otogo, NZ. 18th January 1911, aged 84 years.

Another gravestone in Tynron churchyard reads:

> In memory of Andrew Armstrong who died at Minnygrile, 29th
> March 1828, aged 57 years. Also of Agnes Hunter, his spouse, who
> died 6th December 1836, aged 60 years. Also of William
> Armstrong, their son, who died at Cormilligan 13th February 1837,
> aged 40 years. Also Mary, his daughter who died at Cormilligan,
> 18th November 1845, aged 11 years, and Mary Carrie, his spouse,
> who died at Penpont, 16th January 1870, aged 73 years.

The Armstrongs were another Dumfriesshire family with strong
links to Cormilligan.

'Asylum Seekers' was based on the Western Hebridean Hedgehog
cull, which has been the subject of an on-going environmental
debate over the last few years. Some Hedgehogs were trapped, cap-
tured and airlifted to the mainland for re-settlement! I thought that
juxtaposing this with current human asylum seeking issues might
lend some barbed satirical comment and black humour to this
absurd situation.

'Labour', 'The Pied Piper of Auchinleck' and 'Accent o the Mind':
These three poems were commissioned by the Scottish Poetry Library

as part of the Poetry Link Scheme, whereby Scottish poets were linked up with their local constituency MSP's in order to write some poetry for them. I was linked with the Scottish Justice Minister, Cathy Jamieson. Cathy was brilliant! She invited me up to Holyrood to her offices there, where I was given a tour of the new parliament, sat in the debating chamber, etc, and then had a constructive meeting with Cathy about what I might write about – I don't think some of the work was what she quite had in mind! In the poem 'Labour', I speak of the recent historical, political and social past of East Ayrshire (the passing of the great deep mining industry, economic upheaval and recession) and of a more optimistic vision for east Ayrshire's future. The Barony pit 'Horrals' cast a very real, and also a very symbolic, shadow over the local countryside!

'Accent o the Mind' is a sonnet commenting on the 'bad press' given to anyone at Westminster who dares to talk in anything other than RP English – especially those with more pronounced provincial accents, i.e. the Speaker of the House of Commons, Michael Martin MP, who has a strong 'Glesga' accent! Hopefully now that Scotland has her own Parliament again we can enjoy the broad and rich diversity of our Scottish dialects!

'The Pied Piper of Auchinleck' is piece of topical satire, written with a nod to Browning's famous narrative masterpiece! At the time of writing these pieces for Cathy Jamieson there was a great 'Hoo-Haa' in the local and national press regarding the social drinking habits of Scotland's young people. A canard made the headlines that the favoured tipple of these young connoisseurs (i.e. Buckfast Tonic Wine) was to be banned – and the press of course made hay! The poem makes mention of such things as; 'J. Chandler & Co.', UK distributors of Buckfast; 'Anti-Social Behaviour Laws (or Orders) – a recent government initiative to tackle naughtiness in adolescents (young and old!); 'Tims and Huns' (Catholics and Protestants) at this time Scotland's First Minister, Jack McConnell, was espousing an initiative to stamp out sectarianism on the terracings, schools, shopping malls, etc; 'Nike, Kappa and Burberry' are just some of the leading fashion houses favoured by the CHAVS of East Ayrshire!

'Somewhaur in the Daurk' (Mining Sonnets); based on the book by Joe Owens. I worked for eight years in the deep mining industry in East Ayrshire, at the Barony Colliery, Auchinleck. I was out on strike for almost a year during the Miners' Strike of 1984–85. I didn't think that it had left much of a mark on me – until I wrote these poems. I discovered Joe Owen's book, *Miners 1984 – 1994: A Decade Of Endurance,* quite by chance, browsing a book sale at the Edinburgh Festival years ago.

Joe's book is set out in a series of nineteen chapters, each with the simple heading of the persons name and where they came from, i.e. Alex Shanks, Edinburgh. In each chapter these people tell their story; their life at the pit, the strike, the aftermath of the passing of the mining industry, with a simple human passion, honesty and truthfulness. Ordinary folk, caught up in extraordinary times. I was moved to take these chapters and to try and condense these brief lives into a sonnet for each of the contributors – though I was so inspired by the story of John McCormack that he ended up with five sonnets, his life was an epic in itself!

A selection of the 'Somewhaur in the daurk' sonnets has been published in the Scots Language Society magazine *Lallans.* I do not know if any of the recipients of these sonnets is aware of the existence of these poems or if any of them have read them.

Wigtown Bard poems

In 2004 I had the good fortune to be chosen as the first Wigtown

Literary Festival Bard. the poems in this collection are a selection from the poems written for this post;

'King Galdus' In the summer of 84 AD, after a winter in Galloway, Agricola led his Ninth Legion into a battle somewhere in the Grampians where his 30,000 men clashed with an army of thousands of native 'Caledonians' under the command of a Pictish leader known as Calgacus, or Galdus.

There was great slaughter in the ranks of both sides. For all that Agricola was the acknowledged victor of the engagement, Galdus was ultimately hailed as the chief hero for, soon after the terrible fight, Agricola was abruptly recalled to Rome. Galdus took advantage of the Roman withdrawal and lack of leadership, demolishing some Roman forts and chasing bands of dispirited Roman soldiers. After that, as King Galdus, he retired to Galloway which was, it is claimed, named in his honour.

Two strong traditions of his life were carried down into following generations. One is that he bravely fought another great battle with the Romans on the banks of the Cree, was slain, and was interred at Cairnholy or at Torhouse.

Another is that he did not die a violent death but, in fact, ruled a liberated Galloway for many years, died peacefully, and was buried three miles west of Epiacte (Wigtown) beneath the three central stones at the druidical Standing Stones of Torhouse. For at least seventeen centuries that place was locally known as the tomb of King Galdus.

Hollinshead's 'Chronicles of Scotland' gave the following account:

'Thus Galdus applicing all his studie and diligence to advance the common wealth and quiet state of his countrie, lived manie years so highlie in the favour of all his subjects, that the like hath beene but seldome heard of: finailie, to their great griefe and displeasure he ended his life (more deere to them than their owne) at Epiake, in the 35 year of his reigne, which was about the 15 yeare of the empire of Adrian, the 4098 yeare after the world's creation, and from the birth of our Saviour 131 (110) yeares, and was buried with great lamentation in most pompous manner, and laid in a goodle toome which was raised with mightie huge stones, having a great number of obelisks set up round about it, according to the maner. Further more, to the end his memorie should ever indure, the countrie where he fought last with the Romans was called Galdia, after his name, which by the addition of a few letters is now called Galloway, and before that time Brigantia, as the Scots do hold.'

'Let Wigtoune Flourish' This sonnet was written in commemoration of the old bronze town bell that hangs in the clock-tower of the County Buildings in Wigtown. It is very old, having been cast in Holland by the bell-maker Henrick ter Horst of Deventer in 1633. Some of Henrick ter Horst's bells can still be found in other churches dotted around Scotland.

'Tam McGuffie' This biographical piece was written for one of Wigtown's oldest inhabitants. Tam's family have a long and illustrious military background; Tam's uncle Louis McGuffie having won the VC in World War One, Tam himself served in World War Two. The McGuffie family have ancient connections with the burgh. Tam is the last of his line, and has no family of his own.

'The Kirk of Machutus' It is not known when the original church at Wigtown was established, but at an early time, probably just shortly after St Ninian, a church was founded and dedicated to the memory of St Machute or Machutus. This obscure saint, known also as St Malo (as in St Malo in Brittany), is thought to have been a rugged missionary type who sang psalms in a loud voice as he travelled the land on horseback. St Machute is recorded as having died on 15th November, 554 AD.

'The Book Shop' The Book Shop in Wigtown Main Street is an absolute treasure trove for bibliophiles! It is run by one of Wigtown's most colourful characters, Sean Bythell. Sean is one of the Book Town's greatest advocates and is constantly devising publicity events to try and raise the profile of the Book Town – to the 'Free Thinking' people of the world these events are an absolute joy!

'The Book Cull' This poem was written to highlight a problem that the Book Town has in disposing of unwanted, damaged or un-saleable books. The Book Town would really benefit from a dedicated recycling process for all these unwanted books, and hopefully one day a recycling plant will become a reality. Until then, however, the disposal of said books will continue to be a contentious issue, with the books being disposed of in land-fill sites, or, as on one memorable occasion, being burnt in a pyre by Sean Bythell to publicise this very real problem and engender public debate – which it certainly did!

'The Daith o Thurot' This sonnet was inspired by a naval incident that happened locally during the Napoleonic wars. It is an utterly fascinating story! The central character, Captain Louis Thurot, was a brave and resourceful French naval commander who was killed in a naval engagement off the shore of Wigtown on 28 February 1760. His intriguing background and life, and the tale of his tragic death can be sourced on the Internet at
www. isle-of-man.com/manxnotebook/manxsoc/msvol21/p066.htm

'1849'; Botany or 'Bot'ny' Row, or lane, was a street in Wigtown comprised of poor lodging houses. During the mid 1800s it was used mainly by migratory Irish people en route from Ireland to America, escaping from the 'Great Hunger' of the potato famines, seeking to make a new life in the 'New World'.

'Address o Beelzebub (Tae Dumfries Toon Cooncil)' This 'tongue-in-cheek' piece of political satire was aimed squarely at Dumfries Council's planning department for their short-sighted erection of a large fence round the ruins of the Church of St Machute in Wigtown. These ruins, perhaps the most archeologically important ecclesiastical ruins in Scotland, sit next to the modern 19th century Church of Scotland, built in 1853. In a nod to our national bard, Robert Burns, this satire borrows themes from his 'Address o Beelzebub' in that it presents Satan as congratulating the 'Cooncil' on their 'far-sightedness!!' in closing off these ruins to the public and allowing them to fall further into a ruinous and decayed state.

NB I am deeply indebted to the Wigtown historian and author Donna Brewster for her kind permission to use extracts from her booklet *Wigtown: The Story Of A Royal And Ancient Burgh*.

'A Scottish Prejudice' This poem was written for the Luath book *The Wallace Muse*, a book containing a mixture of old poems written about the national hero William Wallace, and new pieces written by contemporary poets. *The Wallace Muse* was published to coincide with the 700th anniversary of Wallace's murder.

Some other books published by **LUATH** PRESS

The Ruba'iyat of Omar Khayyam in Scots
Rab Wilson
ISBN 1 84282 046 X £8.99 [book]
ISBN 1 84282 070 2 £9.99 [CD]

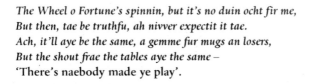

Aye, ah'm a braw fellah, an handsome tae!
Ruddy cheeked an stracht as a Scots pine.
But the answer tae yer question? Ah'm no quite shair
Whit an why the reasons are that ah wis planted here.

Ah wis born wi certain inbuilt restrictions;
Limitations that hiv knockt me tapsalteerie.
Ah dasht frae the block at the stairtin gun
An nou, as ah reach the feenish line, whit wis it made me run?

The Wheel o Fortune's spinnin, but it's no duin ocht fir me,
But then, tae be truthfu, ah nivver expectit it tae.
Ach, it'll aye be the same, a gemme fur mugs an losers,
But the shout frae the tables aye the same –
'There's naebody made ye play'.

Almost a thousand years ago there lived in Persia a great and wise man who was a brilliant mathematician, an astronomer to the Royal Court, and a poet of unparalleled vision and wisdom. His name was Omar Khayyam. In the western world he is known as the author of *The Ruba'iyat*.

An influential, inspiring poetry collection of striking profundity, *The Ruba'iyat* asks questions of ourselves that are still relevant today. Transformed into Lowland Scots, Rab Wilson's version of *The Ruba'iyat of Omar Khayyam* leaves behind the soukd, bazaars and taverns of medieval Persia and transports us to the bustling urban scenes of modern, inner-city Scotland. Join the flotsam and jetsam of a teeming underclass as they tell us of their regrets, their joys and their hopes, and realise that essentially nothing has really changed for any of us over the centuries.

I found Rab Wilson's Omar Khayyam very readable.
EDWIN MORGAN

... an astonishing feat.
PROF PHILIP HOBSBAUM

Burning Whins

Liz Niven

ISBN 1 84282 074 5 PB £8.99

Burning Whins concerns itself with relationships and ownership. Describing the Scottish Parliament, plane travel in the Western Isles, and the destruction wrought by the recent Foot and Mouth epidemic with equal familiarity and fluidity, these poems depict the many faces of contemporary Scotland with grace and intimacy.

Liz Niven is also a poet whose works in Scots give real presence and imme-diacy to this dynamic and descriptive language. *Burning Whins* cements Liz's presence as a contributor to the development of modern Scots and its linguistic place in the nations' cultur-al growth patterns.

A fine poet with an excellent ear for the Scots language.
RON BUTLIN

An exciting poet whose observational voice is international in scope, traversing continents and tiers of society.
JANET PAISLEY

Parallel Worlds

Christine De Luca

ISBN 1 905222 13 0 £8.99 [book]
ISBN 1 905222 38 6 £9.99 [CD]

Since her first collection of work, the prize winning *Voes & Sounds*, Christine De Luca has been bringing the beauty of the Shetlandic language to her readers, wrapped in the wonder of her words. This does not happen by an act of translation; indeed the language and dialect itself become her self-expression.

De Luca invites you to accompany her as she explores the parallels that run through her life. Contentment and happiness are set against a burning desire to protect a way of life, and the past is celebrated at the same time as it is updated.

A colourful and compelling collection, enriching in the two-way glimpses it gives us into contrasted (and often 'parallel') cultures – and into the human heart.
STEWART CONN

Luath Press Limited

committed to publishing well written books worth reading

LUATH PRESS takes its name from Robert Burns, whose little collie Luath (*Gael.*, swift or nimble) tripped up Jean Armour at a wedding and gave him the chance to speak to the woman who was to be his wife and the abiding love of his life. Burns called one of *The Twa Dogs* Luath after Cuchullin's hunting dog in *Ossian's Fingal*. Luath Press was established in 1981 in the heart of Burns country, and is now based a few steps up the road from Burns' first lodgings on Edinburgh's Royal Mile.

Luath offers you distinctive writing with a hint of unexpected pleasures.

Most bookshops in the UK, the US, Canada, Australia, New Zealand and parts of Europe either carry our books in stock or can order them for you. To order direct from us, please send a £sterling cheque, postal order, international money order or your credit card details (number, address of cardholder and expiry date) to us at the address below. Please add post and packing as follows: UK – £1.00 per delivery address; overseas surface mail – £2.50 per delivery address; overseas airmail – £3.50 for the first book to each delivery address, plus £1.00 for each additional book by airmail to the same address. If your order is a gift, we will happily enclose your card or message at no extra charge.

Luath Press Limited
543/2 Castlehill
The Royal Mile
Edinburgh EH1 2ND
Scotland
Telephone: 0131 225 4326 (24 hours)
Fax: 0131 225 4324
email: gavin.macdougall@luath.co.uk
Website: www.luath.co.uk